Descubra Juegos Gratis Online

Disponibles Aquí:

BestActivityBooks.com/FREEGAMES

5 CONSEJOS PARA EMPEZAR

1) CÓMO RESOLVER LAS SOPA DE LETRAS

Los rompecabezas tienen un formato clásico:

- Las palabras se ocultan sin espacios ni guiones,...
- Orientación: Las palabras pueden escribirse hacia delante, hacia atrás, hacia arriba, hacia abajo o en diagonal (pueden estar invertidas).
- Las palabras pueden superponerse o cruzarse.

2) APRENDIZAJE ACTIVO

Junto a cada palabra hay un espacio para anotar la traducción. Para fomentar un aprendizaje activo, un **DICCIONARIO** al final de esta edición te permitirá comprobar y ampliar tus conocimientos. Busca y anota las traducciones, encuéntralas en el puzzle y añádelas a tu vocabulario!

3) MARCAR LAS PALABRAS

Puedes inventar tu propio sistema de marcado. ¿Quizás ya usas uno? También puedes, por ejemplo, marcar las palabras difíciles de encontrar con una cruz, las que te gustan con una estrella, las nuevas con un triángulo, las raras con un diamante, etc.

4) ESTRUCTURAR EL APRENDIZAJE

Esta edición ofrece un **CUADERNO DE NOTAS** muy práctico al final del libro. En vacaciones, de viaje o en casa, podrás organizar fácilmente tus nuevos conocimientos sin necesidad de un segundo cuaderno!

5) ¿HABÉIS TERMINADO TODAS LAS PARRILLAS?

En las últimas páginas de este libro, en la sección **DESAFÍO FINAL**, encontrarás un juego gratis!

¡Rápido y sencillo! Echa un vistazo a nuestra colección de libros de actividades para tu próximo momento de diversión y aprendizaje, ¡a sólo un clic de distancia!

Encuentre su próximo reto en:

BestActivityBooks.com/MiProximoLibro

En sus marcas, listos, ¡Ya!

¿Sabías que hay unas 7.000 lenguas diferentes en el mundo? Las palabras son preciosas.

Nos encantan los idiomas y hemos trabajado duro para crear libros de la más alta calidad para tí. ¿Nuestros ingredientes?

Una selección de temas adecuados para el aprendizaje, tres buenas porciones de entretenimiento, y luego añadimos una cucharada de palabras difíciles y una pizca de palabras raras. Los servimos con cariño y máxima diversión para que puedas resolver los mejores juegos de palabras y te diviertas aprendiendo!

Tu opinión es esencial. Puedes participar activamente en el éxito de este libro dejándonos un comentario. Nos encantaría saber qué es lo que más le ha gustado de esta edición.

Aquí hay un enlace rápido a tu página de pedidos:

BestBooksActivity.com/Opiniones50

Gracias por tu ayuda y diviértete!

Todo el equipo

1 - Ajedrez

動エプ法撮味ャ読ャキパ動み釣興品
絵活読興ズリン犠牲リ女ラリ品活ラ
法活ズ読狩ダ法釣猟ゼ王動園品写み
喜味ル真ダ興ゲり真陶画プンコエ写
パりャライ動ゼ陶プキパ書トンイポ
品動ズプ絵シみ芸狩ャ賢いンテ興び
興ゲ真陶影戦略撮プ物プ影メスエ真
チりグ釣味びプム撮絵園物ナトプ釣
ルャ活動相手レ読み動釣影ーパ釣猟
ンゲンズ園ルールラ釣びト学狩ズ
ゲプびピイラヤキムパクャゲぶ対び
ー狩書品オ猟ーグ影写ッ白いたシ角
ム活ャ味キンハ書動喜ラシエめエラ
ゼ園真ンン影画イ影品ブ魔ブにリ興
絵品狩動グズ物書ルレ魔絵真グ真ラ
狩ダ喜法影ルハ時間ンリンー陶編キ

学ぶために	相手
白い	パッシブ
チャンピオン	ポイント
コンテスト	ルール
対角	女王
戦略	キング
賢い	犠牲
ゲーム	時間
プレーヤー	トーナメント
ブラック	

2 - Agua

```
湿 真 灌 真 園 狩 写 写 氷 品 ク ハ ズ 味 法 り
イ っ 漑 猟 波 霜 釣 ゼ 喜 プ 撮 リ ン 魔 釣 撮
エ 魔 た イ り ダ 園 ン 法 プ 喜 ケ ラ 絵 ム プ
ン り ゼ 喜 編 喜 芸 シ 編 ゲ ー ラ 海 レ ラ
猟 猟 ク リ 猟 ゼ 洪 水 ダ び り ン イ 洋 ク レ
影 ル み 味 興 び リ ル 写 パ 撮 ゲ ン 飲 め る
興 レ ラ ダ 書 ゼ 雨 び 芸 品 法 パ 活 運 品
園 書 間 釣 活 レ び ラ 動 釣 画 書 動 味 河 動
写 シ 欠 魔 写 法 パ ク ハ 釣 ジ 園 イ 写 狩 ジ
画 書 泉 画 猟 ジ み イ び 芸 編 芸 品 シ り グ
ゲ ル 湖 興 シ ン 書 湿 物 気 リ エ 品 興 ク 魔
画 魔 エ ン エ イ ジ 喜 度 蒸 発 ダ レ 書 撮
パ パ 物 陶 画 編 シ プ 活 釣 編 ラ 興 画 写 陶
ク 編 釣 園 レ ー ャ 真 エ ゼ イ ゼ 動 雪 写 猟
プ り レ 影 ー ャ ワ 撮 園 動 編 写 ル 川 魔 イ
プ ダ 魔 興 写 ン ー ス ン モ 猟 び 画 ゲ 編 書
```

運河	洪水
シャワー	モンスーン
蒸発	海洋
間欠泉	飲める
湿度	灌漑
ハリケーン	蒸気
湿った	

3 - Arqueología

写活オー真魔時代興喜影みイ写芸活
絵魔ブり味ルり芸園狩狩り編ダリ物読
芸活ジク活撮物ル興影寺品編法陶グ
り活ェグレレ猟真ハ影魔パ編ミ画ハ
評価クレ動品猟物シ動魔み狩ステキ
狩喜トゲ編ゲ法物動陶化芸テイゼ
ラ魔猟ズ影クム品興器書石リグレ
プン書グ撮レみシ魔絵ルー写ダ
品興品プ芸不年陶喜レー授読
子ャ編エ物ぜ明明シび研みグ骨
孫墓ハパ味文らびダ究影喜ゲ
グン活撮絵忘れれた者ゼ興グ法
編動活レ遺編影撮一ハ編ハ書
分析興興物味ムャチク活法ゼイ
猟キ物リ物りり陶ーゲ法ムグ影
り読パルャム門家ムジパダグ読園
専門家

分析   専門家
陶器   化石
文明   研究者
子孫   ミステリー
不明   オブジェクト
チーム   忘れられた
時代   教授
評価   遺物

```
ジ フ 芸 芸 魔 写 エ ハ ク 書 ム コ ー ン 動 陶
編 ル 喜 書 撮 リ 画 イ ム 味 画 釣 タ 絵 み 喜
エ ー ズ び み ミ 画 ル み 影 写 ク ャ 写 撮
オ ツ 写 書 芸 ル 興 野 レ 品 羊 ゲ ラ プ 味 狩
狩 ー 納 屋 芸 ク 味 菜 ャ 読 飼 法 ト 書 ル 興
ン 動 チ リ ゼ 物 芸 園 画 芸 い キ ク 活 ダ 絵
ダ 物 ラ ャ ア ヒ ル 真 農 家 狩 ー ダ 画 猟 シ
画 べ 画 ハ ー 園 オ 小 園 エ び ダ 読 ル パ レ
魔 食 び 写 ラ ド オ 麦 ム 活 プ 書 動 釣 陶 味
シ 影 リ 物 ム マ ム 狩 ゲ 写 エ 活 ズ グ ゲ 芸
影 ゼ 味 蜂 ム パ ギ ン 芸 ハ ン ジ 芸 活 ン ー
ン 喜 狩 ク の み 品 エ 魔 猟 魔 狩 喜 レ エ 法
牧 草 地 物 影 巣 み ハ 品 シ 陶 イ 絵 狩 動 ム
パ 画 ー ハ ー ー ク ジ ハ レ 灌 漑 ル 写 プ ゼ
芸 み ル 書 キ 編 ク 影 編 パ ジ ジ 読 プ ク 園
影 み 編 子 羊 パ ー リ プ ダ プ 狩 ジ レ シ ク
```

農家	ラマ
動物	コーン
オオムギ	羊飼い
蜂の巣	アヒル
食べ物	牧草地
子羊	灌漑
フルーツ	トラクター
納屋	小麦
オーチャード	野菜
ミルク	

5 - La Empresa

レ	ン	イ	ゼ	エ	猟	画	ゲ	物	プ	ャ	リ	リ	動	興	び
キ	ゲ	猟	芸	画	り	園	絵	パ	レ	陶	ソ	ビ	ジ	ネ	ス
グ	ン	シ	雇	用	ト	活	読	ゼ	動	ー	シ	写	活	ラ	み
釣	魔	園	ハ	影	ー	レ	ズ	ン	み	ス	り	猟	陶	み	
影	グ	動	レ	ダ	魔	ル	ン	リ	テ	釣	り	撮	ン	評	判
シ	ゲ	ゲ	画	動	画	ゲ	興	ド	ー	ル	影	写	ン	撮	書
ラ	編	園	収	益	決	定	釣	パ	シ	喜	ラ	画	ジ	撮	ル
ク	ス	リ	猟	動	ン	芸	活	活	ョ	ゲ	法	品	製	ゲ	編
動	リ	み	ジ	可	能	性	味	ジ	ン	陶	絵	質	絵	ゼ	み
ラ	パ	エ	り	絵	ー	み	ゼ	革	興	ラ	進	陶	み	写	物
び	レ	絵	イ	シ	投	ゲ	ズ	新	影	ハ	捗	狩	狩	ハ	書
ク	影	喜	シ	テ	法	資	業	的	釣	グ	ロ	ー	バ	ル	活
魔	品	リ	法	真	ィ	イ	界	パ	興	活	プ	ズ	写	エ	ク
ゲ	ゼ	喜	リ	リ	書	ブ	ム	パ	シ	芸	編	ハ	書	撮	ム
影	ダ	シ	り	ル	み	ン	園	読	リ	ラ	パ	味	園	単	撮
み	真	グ	イ	ジ	ゼ	ク	ズ	り	撮	リ	品	ハ	動	位	イ

品質	可能性
クリエイティブ	プレゼンテーション
決定	製品
雇用	プロ
グローバル	進捗
業界	リソース
収益	評判
革新的	リスク
投資	トレンド
ビジネス	単位

6 - Mueble

```
シ 影 釣 パ ジ ラ イ 釣 法 園 ク パ パ 法 読 シ
狩 動 画 プ 動 影 キ ー ク 狩 イ 動 活 編 レ シャ
ア ー ム チ ェ ア 書 み 狩 シ ー 法 リ 影 ゼ 編
ハ 画 サ 芸 喜 ラ 編 味 味 プ 陶 リ ダ 猟 写
リ ズ 芸 ッ ス 編 園 釣 陶 机 び 書 書 り ダ 絵
読 喜 ン 書 レ プ 編 掛 ム 園 品 工 興 書 み 味
イ 猟 リ ジ ト ド ゲ け ク 編 イ 喜 ソ 喜 グ ジ
グ ョ シ ッ ク 釣 布 読 椅 子 グ フ ル 絵 り
パ 魔 ー 動 マ ダ 品 団 ラ 写 ン ァ 撮 画 絵
魔 ズ 影 真 ー ク ゲ ク グ グ 芸 興 ゼ り 絵 編
グ ャ 興 戸 棚 リ ゲ パ ジ 写 読 ャ イ 真 本 イ
カ 枕 魔 ル 工 絵 ベ ッ ド プ 布 陶 魔 撮 興 棚
ー 物 チ み り み 鏡 画 キ 画 陶 団 ー 撮 物 絵
テ ラ ン プ 狩 ハ ン モ ッ ク 動 ル パ ム ズ 活
ン 芸 ベ ル 法 リ シ 書 ム 園 ゼ び 読 工 動 影
影 味 ラ 魔 喜 陶 み 動 撮 撮 画 工 撮 エ ズ ゲ
```

ラグ	掛け布団
戸棚	本棚
ベンチ	布団
ベッド	ハンモック
クッション	ランプ
マットレス	椅子
カーテン	アームチェア
ドレッサー	ソファ

味 真 ジ 写 ズ パ 設 計 喜 動 編 活 猟 法 釣 ン
プ プ 味 園 ル イ 建 法 ム 歴 史 エ キ 写 撮 ダ
陶 ロ 画 レ 釣 ロ 絵 水 猟 園 レ レ み エ 品 物
レ ン ペ 編 活 ッ 編 素 園 撮 喜 撮 狩 書 空 ク
燃 味 釣 ラ プ ト 影 園 喜 ハ 物 芸 ダ 空 物 気
料 撮 ズ ン ャ 方 向 写 ク リ リ パ り 興 囲 雰
ズ エ さ 編 猟 ハ 猟 ー レ 芸 園 写 クン 芸 り り
び エ 高 度 エ ン ジ ン 着 陸 園 シ ダ 活 真 ジ
釣 画 写 釣 画 ー ン 物 味 魔 陶 ク ル レ 読 ハ
ズ ー 物 リ ダ ル レ 園 芸 物 活 ダ レ ー 動 法
み ャ 画 釣 法 バ み 書 ズ 撮 喜 グ シ 読 編 芸
撮 物 影 空 ム ダ ゲ キ 絵 ダ 喜 ー 狩 り り
芸 釣 ンダ 芸 ラ 物 猟 リ 真 写 活 レ 興 芸
ク 物 イ 魔 レ 喜 法 園 ン 興 写 ハ 猟 興 り 味
活 ゲ ジ 冒 ル 写 動 ル 写 旅 プ ズ 釣 興 味 写
り 興 ダ ャ 険 パ 喜 乱 流 客 グ リ ム 魔 写

空気　　　　　　　バルーン
高度　　　　　　　プロペラ
高さ　　　　　　　水素
着陸　　　　　　　歴史
雰囲気　　　　　　エンジン
冒険　　　　　　　旅客
燃料　　　　　　　パイロット
建設　　　　　　　クルー
方向　　　　　　　乱流
設計

8 - Tipos de Cabello

興	真	芸	猟	グ	レ	ダ	リ	ム	興	ハ	プ	画	物	絵	物
園	動	ダ	撮	猟	ク	芸	ク	ジ	動	リ	画	物	リ	撮	グ
ン	物	ク	活	レ	ム	絵	動	味	パ	ャ	レ	味	り	真	グ
ズ	ジ	ム	薄	い	ク	影	パ	画	味	物	品	ル	ダ	絵	編
園	イ	真	芸	白	活	グ	陶	ジ	絵	ゼ	活	ム	品	シ	魔
書	レ	興	り	ゲ	絵	レ	ズ	ラ	物	喜	編	組	興	釣	ル
猟	狩	ハ	味	狩	ル	ー	カ	園	ゼ	狩	絵	ズ	ー	り	銀
ジ	絵	品	ジ	ム	ジ	有	レ	レ	キ	レ	ゼ	写	物	書	ゼ
画	狩	ズ	ラ	画	真	色	茶	厚	い	グ	陶	ダ	ジ	味	書
び	グ	品	頭	皮	グ	撮	陶	シ	ゼ	真	活	法	ー	ダ	三
エ	読	写	び	ド	読	狩	画	ラ	い	み	園	り	活	び	っ
読	絵	レ	ー	編	ラ	ク	禿	活	ズ	イ	写	影	ソ	ゲ	編
ル	ー	グ	レ	物	品	イ	ゼ	キ	ン	魔	ニ	喜	フ	喜	み
カ	ー	リ	ー	ブ	ラ	ッ	ク	短	い	元	活	ー	ト	猟	グ
ブ	ロ	ン	ド	影	リ	物	園	狩	ク	エ	気	狩	ズ	猟	イ
園	興	画	ー	園	猟	プ	園	ラ	み	品	ン	園	ー	ハ	グ

白い	ブラック
シャイニー	カーリー
頭皮	カール
有色	ブロンド
短い	元気
薄い	ドライ
グレー	ソフト
厚い	編組
茶色	三つ編み

9 - Ciencia Ficción

味銀河火ダダムャグ編シナリオ写ル
ハダ世界ラキロ動狩技写ハグ狩遠い
ダ画シ影園書ボ編ン術画み影興ズハ
編味ク虚陶書ッ真ャキレ素味書猟
喜味真数籍トイシ真キ影晴編釣猟
パ爆猟みパ芸パ芸プリ園みら動園
レ絵発ハリ園シネ真ズク陶釣ゲ書
ル陶編撮ュ喜魔ネシ編ゲい釣ー画魔
ダイハクー動シマラ園パレ一動
イみジズジ惑ー編喜アピトーユみ
神秘的なョ星オ現実ク品レリ読
りラ釣園ンャ猟ラ的来ミ写ー読ララ
ャエ味りラハ活ラ来ッレ書猟グ
び陶グ園影狩ゲイク未クイ物品書ク
ダ画写品真書猟狩ジ興真魔び興撮
ジキび狩釣一画ゲ編陶味物絵グャ撮

アトミック　　　　書籍
シネマ　　　　　　神秘的な
遠い　　　　　　　世界
シナリオ　　　　　オラクル
爆発　　　　　　　惑星
素晴らしい　　　　現実的
未来的　　　　　　ロボット
銀河　　　　　　　技術
イリュージョン　　ユートピア
虚数

10 - Granja #1

```
ダ 興 水 ム み 蜂 土 り ル 真 撮 喜 猟 り 芸 リ
釣 写 動 ャ 猫 蜜 地 リ シ 法 撮 ャ ラ フ ル ル
読 芸 撮 編 編 物 ム ハ 影 読 ロ 米 撮 ィ ラ ダ
ゲ 書 活 猟 リ 影 狩 品 シ ハ ゼ び 動 読 ー 影
書 編 編 猟 イ ハ 画 ハ 真 ゼ シ グ 書 ラ ル 写
チ 肥 芸 ハ ク カ ラ ス ン 種 影 動 興 影 ド エ
ゼ キ 料 ふ く ら ぎ 農 子 魔 影 法 興 牛 み 魔
リ ス ン フ 興 魔 ム 業 猟 ル グ イ ー 陶 エ イ
味 り 興 写 味 み グ 猟 グ 犬 レ ズ リ み エ ク
影 び 興 喜 法 キ り 撮 法 物 味 書 読 み
魔 物 芸 編 品 活 興 蜂 味 エ シ レ ゼ ク
味 エ 動 プ 猟 物 読 ン レ 撮 イ ラ ズ 撮
物 ム ジ ダ 園 ゼ 絵 ダ 猟 喜 ゼ 写 陶 ル 画
ク ダ 芸 園 猟 び 狩 キ ャ ヤ ギ 絵 物 ラ 猟 読
ャ 魔 ン 撮 魔 ル ク ル 芸 編 編 び 法 画 リ ズ
撮 真 読 ヘ イ 馬 喜 狩 撮 写 ジ り 影 リ 物 芸
```

農業
ロバ
ヤギ
フィールド
カラス
肥料
ヘイ

蜂蜜
チキン
種子
ふくらはぎ
土地
フェンス

11 - Camping

喜	味	絵	釣	エ	ハ	ト	プ	プ	絵	喜	ル	ダ	ズ	釣	品
ズ	書	ハ	活	ダ	ハ	ン	タ	ン	ラ	喜	釣	キ	月	読	真
ラ	ン	レ	活	品	テ	モ	読	ル	ダ	イ	グ	魔	書	魔
ゼ	動	ズ	ム	陶	撮	ャ	ッ	み	リ	写	猟	絵	び	陶
猟	編	狩	影	物	シ	動	編	ン	ク	冒	険	ロ	動	キ	喜
絵	カ	ー	ク	自	ャ	影	レ	り	興	園	ダ	ー	物	ャ	園
リ	ヌ	地	図	然	コ	ン	パ	ス	書	リ	狩	プ	ク	ビ	狩
ル	ー	み	絵	読	み	み	ン	真	撮	書	び	ズ	ム	ン	猟
帽	森	ハ	ク	味	影	物	興	陶	喜	活	影	ー	ハ	ク	り
子	レ	影	火	み	ジ	編	ー	レ	ム	興	ル	品	シ	陶	シ
グ	ゲ	ズ	影	猟	陶	ク	グ	ル	エ	狩	ゲ	品	ル	影
ゲ	興	レ	グ	味	ク	ダ	ゲ	釣	味	影	動	興	魔	物	ー
ー	読	昆	虫	編	画	リ	物	ラ	ズ	ゲ	ゲ	読	ム	グ	ャ
動	ハ	味	写	物	写	山	読	撮	釣	ン	み	味	ラ	ム
リ	喜	グ	魔	活	プ	木	狩	絵	エ	ズ	撮	湖	編	真	リ
エ	ャ	ル	ャ	品	興	園	み	影	ャ	ズ	画	猟	陶	グ	レ

動物 ロープ
冒険 ハンモック
コンパス 昆虫
キャビン ランタン
カヌー 地図
テント 自然
狩猟 帽子

12 - Fruta

```
リ 魔 ジ シ り キ 法 喜 ラ 猟 活 シ シ キ 写 プ
写 ル 動 ャ プ ャ 写 ム 書 活 ゼ 品 編 書 プ パ
パ プ エ ゼ 魔 編 ン 桃 味 活 陶 狩 ル ー 魔 ラ
キ 葡 萄 プ 品 写 ッ コ リ プ ア タ ム ズ 読 ズ
ア ウ ン 品 写 魔 ル ラ タ 芸 ム ボ 書 ロ マ ベ
ッ シ イ ゲ 釣 梨 キ 猟 釣 ク 動 カ パ ン ン リ
プ 品 イ プ 読 写 興 品 ム 活 ネ ド イ チ モ ゴ
ル パ ラ 画 ダ ム バ ナ ナ 真 喜 パ ェ レ ー ー
書 イ 活 び り グ ア ル ゼ 影 イ ヤ リ ャ リ 陶
品 ナ シ ラ 画 芸 パ 狩 画 影 ー ダ ャ リ ハ 興
ツ ッ ナ コ コ シ イ 味 リ ダ 画 法 物 味 み 陶
芸 プ 狩 猟 真 ン ゲ 影 ー 物 法 ン ゼ 陶 ャ 釣
編 ル 園 園 り プ 園 写 み レ ル 撮 ラ 狩 オ ン
絵 編 読 絵 ン び シ 写 ン 読 陶 リ イ 法 レ パ
陶 狩 ム ル ラ 芸 グ エ ダ 狩 影 狩 書 ル ン ル
ム ム ー グ 読 プ ダ ゲ 動 グ 動 パ り 味 ジ 芸
```

アボカド	マンゴー
アプリコット	アップル
ベリー	メロン
チェリー	オレンジ
ココナッツ	ネクタリン
ラズベリー	パパイヤ
グアバ	パイナップル
キウイ	バナナ
レモン	葡萄

13 - Geología

```
大 芸 び 活 酸 読 ラ リ 魔 イ 猟 ズ ン 魔 シ プ
リ 陸 物 ゼ リ 魔 パ 猟 読 ズ ム ダ 動 狩 画 ム
イ 陶 工 画 ダ 塩 物 味 読 シ 陶 り レ パ 品
ャ ム 影 絵 ラ リ 魔 喜 真 ゼ 溶 岩 ル ラ グ ク
法 絵 ウ 書 鍾 乳 石 味 読 キ 真 書 リ 活 活
園 キ ン シ 写 味 化 み 読 絵 り 猟 ム 興 影
撮 コ ー ラ 魔 イ 品 パ 釣 パ 写 興 ゲ 魔
ム 編 喜 猟 芸 パ 法 リ み レ 真 撮 品 キ
品 ゲ ム ダ み 動 エ り 狩 ゲ プ 高 品 ダ 影
品 ル ハ ル 品 釣 ミ 品 陶 真 原 み ム エ
書 ハ 写 味 ダ 魔 ネ 味 魔 真 品 ダ 芸
狩 真 書 撮 喜 園 ラ 活 影 レ 侵 食 魔 プ 写
書 プ シ レ パ 石 英 ル 火 山 編 リ 動 結 晶
ジ 編 洞 窟 物 興 画 石 陶 侵 活 陶 リ 層
キ 画 書 び 喜 狩 喜 ン 魔 釣 編 真 エ グ
狩 リ 間 欠 泉 ン シ ン ズ ダ ハ プ 震 ハ 品 ゲ
```

カルシウム	石筍
洞窟	化石
大陸	間欠泉
コーラル	溶岩
結晶	高原
石英	ミネラル
侵食	地震
鍾乳石	火山

14 - Álgebra

キ猟ゼ指ャ撮ゲプ狩プ動読プグャ狩
ゲグ法喜数偽線クび式喜みレ影ゼキ
ー活無園分物形写魔読釣陶陶グ影シ
エパ限書園ムゲ法エキンキび法番号
影ルグリハり撮グ喜イ真興エ味ム喜
ゲ品括弧ゼ読みびク読芸シ猟ーマ読
因り書ー撮キズ動活品真ク活クトハ
子ハエ書エびり園真書キリゼンリク
書ム影エパイ園興編園真プロ絵ッー
減影陶猟動ル方レハ物写シキ法クク動
味算物活問題釣パク読単純化ス陶
法イ物陶ジレ式変数書読喜エャ芸ク
ジジ狩動キ編物ー絵みプ品園解ル書
編プ読芸喜品陶図写グラフ量決読読
釣活興画書ャゼ味ャ書クク物グ影猟ゲ
喜ゼ読猟ラダ写活園画り書園影興書

ゼロ	マトリックス
方程式	番号
指数	括弧
因子	問題
分数	減算
グラフ	単純化
無限	解決
線形	変数

15 - Plantas

肥料植生ーズリベーャ釣魔ン園豆狩
喜ズゲ撮園ンキリシググイみ興びり
みゲクク品クフーハ影苔エャ太ラ花
パ釣ズエ真イロ物ャゼムプ蔦陽ゼ味
レン撮パびンー喜ム陶森キ編ラ絵陶
草品興ハャ陶ラ画狩根喜ハャ編ゼ
ゼイパリイー猟園プ物葉ラン釣レ
写シゲシ木ャムジレりクゲキ植ゲ
りー撮釣プびランりン魔品影ン物シ
パプキイ物物ンズ猟写法びシ学法
猫動ハキび書び絵ゼ興法ハプ竹ブダ
ジル編グム影エリ読ダ影撮グ書ッパ
イ芸庭陶キ興法ジ喜写りー活猟シャ
サボテンリダ芸狩ルグレエ花園ュ猟
興猟み陶品りキ法書ズレゲ弁編ー魔
レ活ャパク動撮真ズラ活ジり八法シ

ブッシュ	フローラ
ベリー	花弁
植物学	太陽
サボテン	植生
肥料	

```
魔 法 ム プ 味 影 テ 法 パ プ ブ ア び ラ み レ
影 魔 魔 ン 釣 レ ー ゲ ー 真 ラ イ 品 キ 芸 写
真 喜 ル 猟 園 イ ブ 喜 ゲ シ シ デ 撮 レ レ 活
真 パ 園 プ 魔 写 ル ア 編 味 品 ア 読 ム レ エ
ャ ャ ク 読 猟 ゲ ラ ク 塗 喜 キ ズ 法 ク 狩 み
撮 グ 編 ル 動 味 釣 リ 料 ズ 興 ラ 水 彩 画 魔
の レ ー 魔 ダ 編 書 ル 味 ル 品 イ 消 ゼ し ム
ム り 油 真 イ ム 釣 グ 魔 ダ ン 画 ゴ シ ハ 猟
品 エ 喜 シ 画 ー 活 ゲ 粘 土 ク 書 ジ 活 ジ 活
釣 読 パ ク ー レ ゼ 編 興 影 シ エ 活 書 エ エ
ジ 色 ス 紙 喜 読 キ 芸 興 み 芸 園 エ ズ り ク
ズ 書 テ 創 エ 喜 り 陶 陶 ー ハ り 魔 イ 水 み
エ ャ ル 造 リ 画 ク ゼ 影 鉛 筆 ー カ 編 イ み
品 ズ ャ 性 プ 猟 プ 味 喜 興 ジ 絵 メ 動 り ク
ラ キ 読 物 ャ ダ 興 レ イ ク ハ ジ ラ 興 イ エ
ン 法 ー 味 法 ジ 狩 キ 椅 子 活 ル ゼ 読 味 パ
```

アクリル	アイデア
水彩画	鉛筆
粘土	テーブル
消しゴム	パステル
イーゼル	のり
カメラ	塗料
ブラシ	椅子
創造性	インク

17 - Negocio

真 ズ 撮 影 味 魔 絵 ゲ 写 り ン 雇 ム 品 味 ズ
ハ 魔 取 ラ 狩 絵 品 ラ エ 物 画 用 ジ 魔 み み
費 味 引 税 ム 品 物 ダ イ び 喜 者 オ フ ィ ス
用 撮 割 金 魔 ダ 園 画 会 パ ズ 法 絵 パ リ ゲ
ゲ 園 活 写 ャ 影 絵 品 社 ャ 読 ゼ プ 影 リ 品
ラ 読 喜 ク ン 動 魔 読 一 味 り 味 プ ゲ リ 動
喜 画 歴 経 済 学 ラ シ ダ 陶 一 味 真 陶 法 陶 レ
絵 真 販 予 店 ラ グ 書 法 書 撮 読 ズ 釣 写
興 画 売 算 ダ 物 物 絵 一 釣 キ 場 従 読 物 ャ
ジ ハ ャ 商 品 投 パ 狩 書 動 エ 陶 リ お ジ パ
通 貨 金 融 み 資 動 レ 猟 イ エ 陶 業 金 パ
ラ 味 仕 法 絵 釣 エ レ 喜 ゲ 魔 魔 絵 員 園
ム レ ゲ 事 ム び 動 イ 園 画 画 編 ク 品 ジ
リ ン 書 品 猟 リ キ ラ 書 グ 興 プ 写 ジ 法
ゼ ル 絵 シ 読 プ び ー 書 イ レ パ レ ジ リ グ
ジ 影 ル ダ 写 狩 品 猟 ゲ エ ム グ 読 影 リ グ

経歴 　　　　税金
費用 　　　　投資
割引 　　　　商品
お金 　　　　通貨
経済学 　　　オフィス
従業員 　　　予算
雇用者 　　　仕事
会社 　　　　取引
工場 　　　　販売
金融

18 - Jardín

```
味 魔 イ レ 品 狩 キ レ 興 真 ダ 編 狩 ン り グ
ト ラ ン ポ リ ン み ハ 編 撮 興 み 絵 園 み リ
エ 活 動 パ プ シ グ ン み ゼ 土 園 影 写 ド り
影 ル イ リ 法 ジ 釣 モ 興 陶 レ シ 絵 ホ ー ス
ダ 書 パ 真 真 ズ 花 ッ ズ グ ャ 法 動 ャ イ イ
活 撮 ム 味 ク ク 狩 ク 写 草 み ベ 物 シ チ 影
読 ャ 魔 活 影 グ 狩 動 雑 イ 園 ル 魔 品 ー 池
イ 編 パ 陶 編 テ 芝 熊 手 味 園 パ 法 撮 狩 オ ハ
エ 釣 プ ゲ 味 ラ 生 ブ ッ シ ュ 写 ジ 陶 法 画
ャ ズ 絵 ダ パ ン エ フ 興 ジ ダ ゼ 活 法 陶
エ ン ジ 狩 木 芸 り エ 動 真 ジ 動 猟 画 猟 撮
庭 絵 ポ ー チ ラ リ ゲ み グ ク 編 ム 画 芸 リ
写 動 シ 狩 レ 撮 イ 撮 動 ン 動 ル ム ハ 写 ン
リ ン 動 園 ゼ ガ 影 ャ び 絵 釣 猟 ハ エ ベ
絵 撮 影 ゼ 園 興 活 味 芸 り 動 リ イ 法 法 ン
ャ レ リ ズ 芸 動 狩 ゲ り エ 芸 法 ダ 物 エ チ
```

ブッシュ	ホース
ベンチ	シャベル
芝生	ポーチ
ガレージ	熊手
ハンモック	テラス
オーチャード	トランポリン
雑草	フェンス

19 - Países #2

```
ゲ 喜 み ジ 影 絵 釣 影 ハ 品 魔 レ ア リ シ ー
ダ ロ ャ ポ ル ト ガ ル 園 イ ラ ル 写 興 撮 書
り シ 園 マ ャ 興 ゲ 興 釣 エ ゲ バ 編 影 活 び
オ ア び イ 画 ラ 写 み グ 狩 ニ ア シ 編 書 ャ
物 ー ダ カ 日 プ 狩 ル 写 シ コ ウ ネ 読 興 イ
リ フ ス 写 キ 本 狩 法 ゼ ダ シ ク ラ ド メ ズ
ハ ラ オ ト グ 狩 品 写 味 グ デ エ ン ゼ ゲ 編
ル ン ラ ク ャ イ 絵 影 グ シ ン 法 イ び 画 ダ
画 ス 活 り 書 リ 撮 影 芸 マ タ ナ 画 リ リ パ
活 ダ 絵 ス 品 ギ ア キ 芸 ー 真 ス ハ 絵 興 興
芸 陶 興 ー エ み 編 ダ ャ 読 猟 キ 編 興 パ 法
ム リ エ ダ チ ウ ガ ン ダ ー ク ズ 猟 園 み 味
品 ャ 編 ン オ ア イ ル ラ ン ド 影 園 写 り 魔
ダ 喜 魔 魔 ピ 猟 ゲ 画 芸 物 編 影 興 り 猟 画
グ ゲ 狩 写 ア リ ト ス ー オ 法 り 興 ャ レ
芸 園 活 ャ 魔 魔 ン 動 レ ズ ラ 喜 ャ 猟 味 画
```

アルバニア	日本
オーストラリア	ラオス
オーストリア	メキシコ
デンマーク	パキスタン
エチオピア	ポルトガル
フランス	ロシア
ギリシャ	シリア
インドネシア	スーダン
アイルランド	ウクライナ
ジャマイカ	ウガンダ

20 - Números

```
クグみセキルムイ写ダ写ニ読撮ラ読
品撮品影ブズク陶工法魔十撮釣クみ
品釣ラ猟法ンダクゼ動グ動品一写ラ
読喜書ク影ブテリ絵絵ク読ンル喜ジ
書八十九ゲセレィハ読味ラ影イン真
リ三品ゼロ小数真一六十リ撮絵魔イ
シ撮パズり品ジみジンゼレ物一エハ
プ五ラ狩喜猟ダ活陶園び二シズ撮リ
撮シシ猟猟物ズャ猟釣品十釣ラー喜
ズみハ八影び魔ゼり ル工品シ魔猟動
ャムル魔ル撮一ン ル魔み動興芸ジエ
釣絵ム十編釣十五ズンラり影ラ園り
釣ゲシ三魔イダズイゲ興動編狩編九
芸釣レ味陶釣活リレグリ影ダ釣リ一
プびクびジりりイャラ撮影ラ品一活
パーリ画写グびン釣一撮四十ク写法
```

十四	セブンティーン
ゼロ	十二
小数	十五
十九	セブン
十八	十三
十六	二十

21 - Física

イシ重カ陶ジ品真ハハ分パ加化ゲダ
式動魔興猟物パみ狩活子魔速学質量
キダ動活ダキムゼクイ電キび薬パ影
周波数読物猟び影エャク品真品クグ
絵ン画ダみ釣園狩カ園活ンジク画動
ハル読芸シび写物学活園速撮絵ガス
パ物ャ活り動ク園グゲ撮度読喜狩園
園読磁猟ルパン陶絵プゲ物撮狩ク編
画ズ気粒相び魔み読ゲゼび狩ゼり影
ンプ活園子対喜狩ゲ画物エ編物画
読ク写真り編性イ真魔書ンャエ書興
ャ読法りズ喜ム理レゼり密混品ク
活法ズプゲ書キズ論原子ン度ゼ沌一
釣ャグ猟読キ猟品リ品読ラシ喜書ダ
キ影核ーゲクイ編ユニバーサルゲ編
影読編レエ陶キ味撮魔物動園書ゲプ

加速	質量
原子	力学
混沌	分子
密度	エンジン
電子	粒子
周波数	化学薬品
ガス	相対性理論
重力	ユニバーサル
磁気	速度

22 - Belleza

```
フ ダ 興 編 品 び ダ 活 動 動 リ 編 味 ダ 化 エ
シ ョ 読 ル ク レ 魅 グ 影 釣 グ ゼ ハ 粧 ダ
ー 芸 ト ジ 写 味 力 読 真 ラ 真 画 リ 物 品 芸
猟 ラ オ ジ 読 香 釣 写 狩 シ ハ ー 優 雅 製 グ
品 プ イ レ ェ り は さ み キ ダ 狩 ダ グ 品 ハ
ゼ 絵 ル ル エ ニ 狩 シ 活 マ ス カ ラ ジ 味 シ
味 品 ー リ レ 色 ッ イ イ ス ビ 猟 読 ゼ み 肌
み エ カ パ ガ 活 書 ク ハ ビ ー 書 ズ 編 編 編
狩 撮 ー プ ン ャ シ 芸 エ サ 狩 キ ロ 画
ズ 撮 芸 パ ト キ グ 写 芸 グ 撮 物 ダ 写 法 紅
ダ エ 絵 ラ ス キ 法 プ 影 ク ゼ 撮 品 グ グ
活 園 狩 リ リ ル 写 イ エ ズ 化 陶 読 レ
影 ラ り 真 イ ン リ ゼ 陶 ハ 粧 イ レ ャ 影
狩 ズ ゲ ャ 狩 書 シ 園 プ 釣 ズ リ び 味 興
プ リ 撮 ム ス エ ダ 影 画 動 ン ゲ グ 読 グ キ
編 釣 法 絵 ダ ー み キ 猟 ズ ム ハ ズ 動 鏡 ル
```

オイル	香り
シャンプー	化粧
化粧品	口紅
優雅	製品
エレガント	カール
魅力	マスカラ
スタイリスト	サービス
フォトジェニック	はさみ

23 - Países #1

```
グ ム ャ グ ム パ 読 エ ゼ パ 興 真 キ 釣 動 エ
法 物 レ 園 エ 陶 園 キ パ ラ 魔 陶 ン 真 レ ク
ン 書 み 絵 ジ ゼ み 魔 ル 園 法 み シ 書 プ ア
ダ 動 ズ プ プ 芸 リ 絵 猟 工 み 画 ゼ ダ み ド
陶 魔 ダ 撮 ト 芸 レ ブ ド イ 書 ベ リ ラ ャ ル
ャ 真 イ 喜 品 リ パ ラ エ ズ ネ ー ン リ リ ジ
書 喜 動 リ び 書 み ジ ズ ネ ク 活 読 ス ジ 撮
狩 喜 影 法 ダ り ン ル 狩 キ イ 編 ズ ペ ム 編
マ ー 興 ズ 釣 リ ド ベ 喜 ギ シ 読 ペ イ び レ
カ ナ ダ ア ル ゼ ン チ ン ム 画 フ 園 ン キ 狩
マ ン パ キ ハ ス ラ リ ジ ン ホ ゲ 狩 ス 味 真
味 リ リ ビ ア イ タ ー ェ ウ ノ キ 狩 リ ピ ド
ゲ パ 活 ゼ 編 タ ポ り 動 エ 書 動 味 芸 動 ン
キ 芸 味 書 グ リ ク イ パ ニ 書 味 画 ゼ ハ イ
品 ズ 書 動 り ア グ ラ カ 動 ム 物 魔 ハ ー 芸
パ 品 り モ ロ ッ コ キ 絵 品 レ 物 ジ 読 ー 芸
```

ドイツ	インド
アルゼンチン	イタリア
ベルギー	リビア
ブラジル	マリ
カナダ	モロッコ
エクアドル	ニカラグア
エジプト	ノルウェー
スペイン	パナマ
フィリピン	ポーランド
ホンジュラス	ベネズエラ

24 - Mitología

```
リ キ ジ 法 編 不 死 り 信 写 動 み 猟 ン 絵 リ
モ ン ス タ ー 陶 読 編 念 興 ヒ ー ロ ー イ 画
エ 陶 ン 天 国 プ 動 園 喜 グ み 猟 生 き 物
ー 動 リ 写 真 芸 レ グ ジ 興 み 猟 ゼ 品 原 型
ズ 法 ビ 法 真 び グ ク り 興 狩 り パ 活 原 型
ダ ル ラ 釣 伝 陶 エ 物 狩 園 雷 ラ 影 物 ダ ゲ
リ ラ 釣 ダ 説 品 リ 真 エ 陶 魔 狩 真 魔 品 園
真 シ リ ズ 影 物 園 絵 モ 稲 ル び 魔 グ イ プ
作 猟 写 ル 災 芸 味 ー 動 ー 妻 活 グ グ ム 写
成 パ 復 讐 絵 害 文 化 真 法 タ 写 猟 ム パ 狩
芸 絵 書 び 撮 み 釣 イ 書 園 ゲ ル 編 影 ン ム
影 釣 シ ル ー 真 ゼ 動 味 法 真 写 リ ダ ジ レ
グ 戦 士 嫉 妬 ム 写 ゲ 動 ラ ム 撮 行 動 び 影
ー 読 キ 妬 レ ャ レ り 読 イ ダ 味 味 ゼ 芸 魔
イ 芸 活 パ ー ダ り 活 キ エ キ 影 ハ び 書 味
ャ レ 陶 法 芸 猟 キ 絵 陶 法 ゲ エ 強 さ 芸 影
```

原型　　　　　戦士
嫉妬　　　　　ヒーロー
天国　　　　　不死
行動　　　　　ラビリンス
作成　　　　　伝説
信念　　　　　モンスター
生き物　　　　モータル
文化　　　　　稲妻
災害　　　　　復讐
強さ

25 - Ecología

```
狩 一 品 芸 撮 法 ダ 魔 み 興 芸 ル み 猟 シ 動
芸 ム パ 活 プ 物 ジ 種 品 ン パ ャ ク ズ ラ ダ
芸 り 釣 ズ パ ラ 釣 ム 撮 み ジ び 芸 グ 画 真
マ ス 動 物 相 影 活 ズ ズ 撮 ズ び り ル 撮 ゼ
ラ ー ロ フ 山 ャ リ レ シ 影 気 ジ 釣 活 レ グ
魔 ソ シ イ ャ ル 植 物 ゼ ン り ラ ゼ 自 続 可 能 興
編 リ 影 ュ 猟 ラ イ ン り ラ ゼ ン 然 多 ン 猟
コ ミ ュ ニ テ ィ グ 興 ク ゼ ン ク ダ 様 狩 芸
り パ ダ ル グ ナ ン 猟 芸 ジ 喜 ゼ 性 撮 影
ー 喜 生 プ 釣 キ チ 絵 絵 釣 喜 味 魅 び 写
生 ン 存 り 魔 ー プ ュ 絵 物 リ エ 画 し 画
息 ゲ 法 芸 ム ダ プ 写 ら み 芸 品 読 物 レ み
地 ジ 読 活 キ 写 キ 物 活 ル バ ー ロ び 書 生
エ み グ 絵 ゲ 品 ズ 芸 プ み ボ ラ ン グ 植 ア
写 ム ム 品 陶 リ 物 ハ マ リ ン エ テ ィ 撮
み 品 プ ラ キ エ 法 ル 編 陶 り 興 魔 ラ ン み 喜
```

気候	自然
コミュニティ	マーシュ
多様性	植物
動物相	リソース
フローラ	旱魃
グローバル	持続可能
生息地	生存
マリン	植生
ナチュラル	ボランティア

26 - Casa

```
ラ プ 鏡 品 撮 編 リ 味 ン ゼ 撮 写 フ 真 ハ り
ズ パ 壁 味 画 ン 庭 ム ジ 裏 床 プ エ エ ほ き
ム ム 影 図 活 ム 物 イ 屋 根 影 イ ン ほ 味 狩
び ゼ 画 書 芸 び 園 画 パ 屋 画 ス ラ び 味 芸
り シ 興 館 ハ 絵 レ リ ダ 猟 影 リ び 寝 ハ 下
芸 興 撮 イ ゲ リ ゲ り 芸 画 画 り 室 地 味 園
ハ 編 リ ム 画 ク シ キ 暖 釣 魔 画 み ク 園 シ
み ゲ ラ ム シ 窓 影 ゼ 炉 イ シ パ ー リ ハ ャ
エ 味 ゼ グ 絵 エ ワ シ 読 魔 猟 び レ み ハ ゼ
ズ ム 動 ル ル ジ ー レ ガ 猟 ゃ 猟 ハ 活 シ 影
ハ ゲ 釣 ャ ル エ ゼ ク キ 味 猟 ャ プ 園 写 ャ ゼ
読 真 撮 び パ 編 編 ャ 品 絵 興 読 リ 園 プ ゼ
イ プ ズ 絵 魔 物 ラ ハ 物 キ イ 撮 園 り ダ 影 ダ
味 ー 園 リ 蛇 口 画 釣 狩 シ ッ 読 び ダ ル ダ
写 プ キ 陶 影 ジ 書 ゼ キ ド チ 猟 ゲ ン 狩 真 ク
グ ハ 喜 陶 影 ム ャ み 物 ア 狩 ン 狩 真 ク
```

ラグ
屋根裏
図書館
暖炉
キッチン
寝室
シャワー
ほうき

ガレージ
蛇口
ランプ
ドア
地下
屋根
フェンス

27 - Artes Visuales

```
ハ ラ エ 品 喜 活 狩 ン ダ 興 シ グ 読 味 ン 園
法 ゲ ダ 写 ジ 画 ダ ポ 味 傑 作 ク び 構 読 絵
猟 エ ズ 真 ク 陶 ゲ ー 釣 び ダ 味 真 影 成 画
ラ 真 ー ワ 魔 絵 り ト イ ゼ ム ジ イ ゲ 園 ハ
狩 粘 土 イ ッ 味 品 レ 狩 ダ パ 園 読 み 釣 グ
シ ム リ ク ン ク り ー 絵 ー ス ニ ワ 読 ム
味 釣 映 画 キ ー ス ト み 品 ス み テ パ み ズ
イ ー ゼ ル 撮 ョ 編 ジ 撮 ル ペ ズ り ン 活 キ
味 ハ ャ エ ャ チ 園 イ ラ 味 ク 活 釣 ペ シ ゲ
パ 絵 鉛 筆 ア ー ティ ス ト テ 炭 創 造 性 ル
味 動 ラ 彫 刻 芸 狩 絵 グ 絵 ィ み ム 写 編 真
法 魔 キ プ 喜 り み 芸 興 り ブ ゲ ダ 写 編 プ シ
キ び グ み リ ル ン 写 書 写 ル ム び ズ ズ 真
興 み 法 喜 ー 狩 読 興 動 り 編 活 真 魔 シ 影
み 活 ジ 真 ン 芸 ジ ル み 書 芸 イ リ リ 真 り ャ
建 築 法 レ ズ 画 動 ー 書 魔 リ 影 編 法 ム ャ
```

粘土	鉛筆
建築	傑作
アーティスト	映画
ワニス	パースペクティブ
イーゼル	絵画
ワックス	ステンシル
構成	ペン
創造性	ポートレート
彫刻	チョーク
写真	

```
ル 興 園 ー ズ 陶 画 ゲ ダ ハ ム 猟 ラ 撮 ダ 画
物 興 活 品 キ キ リ 芸 解 イ 狩 書 園 動 イ 芸
シ マ 病 ハ 釣 消 血 猟 び 剖 影 シャ ダー 狩 エ 動
プ ッ 気 食 欲 化 猟 元 気 ダ 学 伝 感 レ ッ ゲ
陶 サ ビ タ ミ ン 品 影 ダ 興 伝 物 撮 絵 ト ク
エ ー リ ロ カ 編 リ ゲ ラ 書 遺 ラ 撮 猟 真 ハ
活 ジ ャ 活 陶 ク 魔 ー 芸 書 ン ジ ズ 釣 イ 芸
り 写 魔 び 画 画 び ク 釣 り パ ス 撮 喜 陶 レ
ア レ ル ギ ー ム 喜 キ 興 狩 ラ 陶 ト レ ズ 撮
陶 ハ 画 ダ 物 画 興 エ 回 み ジ シ レ 真 ス 撮
味 り 品 プ 真 病 院 ズ 復 芸 ャ 真 釣 シ パ 衛
真 び 喜 ク り 猟 エ 重 法 ル ダ み シ 陶 ャ 撮
写 魔 ム 芸 撮 び 書 さ シ ズ 物 エ 味 ゲ 生 ズ
栄 ハ ダ 魔 真 画 リ 味 影 読 ー 味 ゲ 書 真
養 狩 ジ 釣 魔 ラ ャ 園 活 シ び 真 ゲ ャ
味 ル シ 喜 キ 魔 影 イ ダ 味 興 ジ ダ グ ラ 真
```

アレルギー   衛生
解剖学   病院
食欲   感染
カロリー   マッサージ
ダイエット   栄養
消化   重さ
エネルギー   回復
病気   元気
ストレス   ビタミン
遺伝学

影一キャパグ書読書画シエ自陶読喜
狩ンり編イ芸コミュニティ苔然パ一
撮真真グ一キ画レ絵読画編ダリ喜先
みル写みンジイ興ル魔喜物りイ喜住
ラ動ゼリ活ャりム活物ズシプ種民
レ釣猟雲園ン物味ゲ影法真ジ真書族
釣ズプ猟キグ魔工喜気真ル画保レダ
法狩狩ズ復ル陶貴写候ズり哺存読ジ
芸イ真書工元活重りりハダン乳活味
ゼみ味ダゲズイ喜喜ムル読一類喜
多様性レ読ル魔ハグラ動一真ゼ喜狩
物釣園プ法リ狩ゲ魔味喜ゼキ品園魔
ム動り虫画味真味一避難興魔グキ編
尊敬生存工植興ャみ両生類イル味イ
シシク書鳥物興クハ魔園喜狩活レハク
写写ンリズ喜キ法活画園喜狩活写狩

両生類	保存
植物	避難
気候	尊敬
コミュニティ	復元
多様性	ジャングル
先住民族	生存
哺乳類	貴重
自然	

30 - Colores

```
ク ム び グ ゼ 狩 イ 釣 ン 動 キ 読 イ ジ キ キ
芸 パ 画 レ シ り り 興 影 芸 レ ブ ラ ッ ク 味
ベ 黄 色 ー ア ピ セ ク パ ハ シ 園 ラ 猟 ン ラ
ー 書 絵 写 ン ゾ ム リ ク 写 リ プ 画 り ピ ズ
ジ 魔 青 ム リ 猟 シ ー 味 編 撮 釣 ー キ 猟 ダ
ュ 品 バ ダ 興 猟 ジ 読 ズ 絵 紺 プ 狩 興 画 ハ
ー 猟 読 イ 物 魔 活 魔 陶 び 碧 法 動 撮 味 書
イ ン ジ ゴ オ 真 法 画 陶 読 狩 狩 味 興 猟 法
ャ ハ 活 ン ク レ グ 味 ゼ み ラ 芸 キ ズ 写 写
動 ズ ャ ハ レ 物 ッ 狩 真 プ ク 陶 動 マ イ ゲ
レ グ ラ ズ ゼ オ イ ト 赤 書 物 魔 ジ ゼ エ 物
芸 キ 品 み 影 絵 喜 ク イ ズ ジ 園 ン ン 書 緑
動 リ ク イ 読 ラ パ エ イ り 活 り ャ タ フ イ
喜 芸 イ シ 読 ズ イ 園 編 物 ダ 猟 シ 狩 ク 読
真 法 物 撮 ン 園 ゼ レ 白 い 品 真 シ 紫 シ 真
ゼ 魔 書 み 猟 ジ ム 品 釣 茶 色 狩 ム 興 ア グ
```

黄色	インジゴ
紺碧	マゼンタ
ベージュ	茶色
白い	オレンジ
クリムゾン	ブラック
シアン	ピンク
フクシア	セピア
グレー	バイオレット

```
ン モ ー ャ パ リ ク 魔 園 撮 ー プ ル 完 全 撮
活 ダ 影 撮 イ 暗 動 ズ ル エ ダ 読 ゼ ャ キ ン ハ
プ ン 寛 大 な い 重 貴 リ 法 び 魔 ー ャ ル キ 釣
絵 陶 ハ ー ゲ る 喜 若 ジ 狩 グ 園 ラ キ 読 編 り
グ エ ゲ 読 ル 明 味 陶 遅 ル ャ 撮 読 読 絶 対 り
猟 プ キ み 味 み 画 巨 大 な 芸 ン 園 絶 族 ズ 絵
魔 味 み ゾ ハ 魔 狩 撮 写 ン 動 芳 香 族 ハ 編 猟
ア ー 書 撮 チ ズ リ ゼ リ レ 魅 力 的 ハ ズ ラ
び ク ゲ 味 読 ッ 撮 釣 ズ 書 読 エ 活 グ 編 撮
撮 グ テ 活 ゲ 動 ク 喜 ズ 画 び 喜 魔 撮 ム 画
芸 狩 正 ィ 味 書 ン キ 撮 ャ 野 プ み ゼ ル パ
陶 ラ 直 興 ブ ゲ 法 園 書 品 心 撮 リ グ ム 撮
ジ 陶 編 写 釣 活 芸 み 撮 猟 的 絵 プ エ ク 品
絵 陶 猟 ー エ ラ 写 真 重 大 ゲ 興 ク ム 喜 物
イ 編 シ 深 み ー 狩 ジ 要 物 き イ 釣 ゼ 写 り
ハ 味 び 刻 品 興 ャ 写 編 魔 猟 い リ 品 び 読
```

絶対	正直
アクティブ	重要
野心的	若い
芳香族	遅い
魅力的	モダン
明るい	暗い
巨大な	完全
エキゾチック	重い
寛大な	深刻
大きい	貴重

32 - Familia

リ興ム写パ喜レレ甥物喜釣編園物喜
お釣狩喜クプ真プ読釣編真び読画芸
プば興猟イり子活写リゲパグ法物画
ル陶あレクン画供子供の頃プ物レ画リ
味パレちゃエいンク画書イ画猟動リイ
陶味夫釣ゃ真とル母性法りシ猟猟一写
ハ芸パび活んこ父叔動みシびラジズ
ラみパー陶孫ムダルイ子供達ン法父
ジイハ画リ園動ムシ絵影リ芸先祖娘
読読園姪芸ダシクみ喜ゲエキゲ芸シ
プシ興ゼ兄り味ゼ品ジ法ズゲイリパン
猟り影読品弟グ猟パ真品ル画り撮
ダ法ジ妻ダ書陶影絵母興狩芸画り影び
り書び動ゲゲ姉動ハ芸陶書絵ハ影猟
狩パ画園味狩妹品真ダ活ン写魔りグ
動物芸ン狩りキ法ゼ味ゃび味興ゲグ

おばあちゃん	母性
祖父	子供
祖先	子供達
姉妹	いとこ
兄弟	叔母
子供の頃	叔父

33 - Disciplinas Científicas

撮	ル	ー	り	ジ	真	免	ム	ズ	法	書	味	書	シ	芸	レ
ム	ズ	魔	び	品	絵	疫	園	レ	生	ャ	リ	び	画	園	イ
り	画	生	園	ハ	み	学	剖	解	化	ジ	パ	魔	キ	影	書
喜	法	態	ゲ	み	味	象	物	理	学	心	品	猟	パ	編	ム
地	喜	学	物	鉱	工	気	品	生	カ	学	化	び	魔	ム	陶
り	質	釣	園	び	動	ゼ	狩	ー	熱	文	学	語	言	シ	ャ
味	画	学	物	動	み	撮	撮	び	天	物	書	ハ	動	み
キ	レ	神	真	ー	ル	ズ	魔	プ	味	レ	植	喜	品	グ
ム	画	ク	経	ル	び	ダ	ク	リ	ム	画	影	釣	キ	園
ー	読	ダ	ー	学	釣	シ	写	絵	猟	エ	陶	び	シ	撮	物
真	味	り	品	園	プ	読	動	レ	び	ン	撮	ダ	社	会	学
動	レ	レ	ャ	レ	真	芸	画	物	ル	ク	り	法	動	味	写
画	ハ	撮	物	喜	ク	釣	ゼ	レ	絵	グ	狩	ル	法	編	品
味	興	魔	読	レ	キ	シ	味	レ	読	芸	法	ゲ	読	撮	ン
考	古	学	園	ー	読	イ	ー	品	イ	ャ	り	ジ	味	書	猟
真	パ	リ	ム	喜	び	芸	ハ	魔	プ	法	芸	シ	ゼ	書	パ

解剖学	言語学
考古学	力学
天文学	気象学
生物学	鉱物学
生化学	神経学
植物学	心理学
生態学	化学
生理	社会学
地質学	熱力学
免疫学	動物学

34 - Moda

```
撮 活 影 書 読 活 芸 ス 刺 ミ り パ み ン 書 猟
り 撮 プ 物 オ 品 レ タ 繍 ニ イ 喜 タ 衣 類 シ
ラ ハ 活 ラ 喜 リ シ イ 味 マ ズ キ ス ー レ パ
エ レ 園 真 真 活 ジ ル エ リ パ ス 影 ン ダ ク
ム ル 動 グ 写 生 ム ナ イ ス ト 芸 魔 写 モ プ
喜 ジ 影 ク プ 影 絵 ル 猟 パ 活 興 グ 真 ン ル
書 動 ハ 物 動 リ レ 動 ゼ キ エ レ ガ ン ト
テ ク ス チャ 芸 リ 編 み 陶 狩 キ 高 価 な 画 撮
洗 練 さ れ た み 読 グ リ プ グ 品 み ャ ン ジ
味 ン 芸 芸 一 画 クル ゼ ダ キ 画 ャ び 物 ゼ 絵
ブ ティ ッ ク キ レ シ 編 手 活 狩 レ エ ク 活
ン 釣 り パ ド ハ 実 編 リ 頃 り 測 定 味 ゼ プ
影 品 ボ タ ン ズ 用 レ な ャ 猟 味 品 品 ク レ
物 法 芸 ラ レ パ 物 撮 価 キ 味 品 工 画 ー
画 物 芸 パ ト み 影 喜 ゲ ジ 味 ク ジ 園 り 猟
狩 ム 陶 画 喜 興 ク 真 法 画 猟 画 ム 物 狩
```

手頃な価格	モダン
刺繍	オリジナル
ボタン	パターン
ブティック	実用的
高価な	衣類
エレガント	洗練された
レース	生地
スタイル	トレンド
測定	テクスチャ
ミニマリスト	

35 - Electricidad

エ	ト	絵	電	編	ゼ	猟	ャ	ン	写	キ	テ	画	活	リ	ハ
物	シ	ク	話	影	物	ン	ダ	発	磁	石	レ	ゲ	ム	編	魔
狩	び	ン	ェ	シ	ラ	エ	び	イ	生	み	ビ	ー	猟	リ	プ
撮	レ	影	ゲ	ジ	ダ	ラ	り	読	ジ	器	電	気	興	品	園
動	影	喜	ケ	ー	ブ	ル	ハ	ル	撮	画	絵	動	ャ	品	ム
パ	芸	み	グ	釣	猟	オ	レ	魔	プ	動	ク	ー	書	ン	ャ
イ	シ	撮	ズ	ゲ	読	ズ	書	ハ	活	活	画	ジ	影	釣	シ
絵	ハ	ハ	興	ャ	ハ	動	ジ	陶	読	グ	撮	リ	撮	パ	キ
ラ	法	釣	師	通	信	網	イ	り	シ	猟	ク	グ	芸	シ	ラ
量	ス	グ	技	レ	ー	ザ	ー	喜	ゼ	品	ム	動	ム	物	品
狩	ト	動	気	活	品	陶	真	狩	ワ	正	法	プ	ク	法	味
ク	レ	ッ	電	球	電	真	ク	味	イ	ズ	喜	狩	み	リ	ラ
び	ー	グ	ケ	び	池	ム	ム	書	ヤ	ハ	読	ラ	ン	プ	ン
負	ジ	ハ	グ	ソ	プ	編	ジ	グ	シ	エ	編	狩	パ	ル	釣
味	キ	り	ャ	動	画	編	グ	書	動	活	ラ	ダ	影	ハ	影
ム	み	レ	真	ャ	シ	ラ	ズ	品	ム	シ	ジ	ジ	リ	ン	プ

ストレージ	発生器
電池	磁石
電球	ランプ
ケーブル	レーザー
ワイヤ	オブジェクト
電気技師	通信網
電気	テレビ
ソケット	電話

36 - Salud y Bienestar #1

```
プ エ ー 活 釣 リ 興 写 ル ラ イ 活 芸 ー ー ム
ジ 読 筋 ゼ 活 ラ シ 活 真 編 折 ハ 影 味 品
ル 園 読 肉 ャ ク ム み ゲ び み 骨 品 陶 猟 ル
影 反 プ 興 び ゼ プ 画 ク シ 活 ダ 猟 姿 勢 キ
ゲ ク 射 プ 狩 ー び 魔 編 編 活 レ 飢 編 リ
喜 喜 動 み ャ シ 写 薬 局 ズ み 園 ゲ 餓 書 シ
写 釣 ャ み ク ョ ズ 芸 狩 動 キ レ ダ ム 真 レ
ジ 興 ム 撮 編 ン ク ホ ル ゲ 読 ラ 画 薬 編
ア ク テ ィ ブ ジ 味 ル ウ ラ 法 品 ダ ン 猟
狩 物 エ イ ャ 医 書 モ イ 撮 細 ダ び エ 高 さ
ー 習 慣 陶 グ キ 者 ン ル 肌 菌 活 レ 園 釣 ズ
ク 品 ジ 釣 書 法 ズ み ス 神 リ 活 芸 魔 シ
芸 キ び レ プ 読 ク レ 絵 陶 経 編 ジ ハ 狩
リ キ パ ラ グ 園 グ パ 釣 グ 影 ダ 園 法 り び
活 写 読 ン 活 治 ダ 活 グ 園 ル 園 編 猟 撮 ゲ
グ 味 ン エ 所 療 診 ル エ ダ 園 ル 読 ダ 編 ゲ
```

アクティブ	ホルモン
高さ	筋肉
細菌	神経
診療所	姿勢
医者	反射
薬局	リラクゼーション
骨折	治療
飢餓	ウイルス
習慣	

37 - Adjetivos #2

物絵画正常元気ナ品ル魔びゲ影味ル
陶プ味ムラハグチグび画活猟ンイ釣
味パル物絵ク陶ュダズプーン活喜り
シキハキ書ーララ写写ズーハエズみ
生品レ喜レプクル狩ダ読ゼ書法グ
産ジりグい白面興味猟ク書キ味ラ
的みトプ芸責任者真ゲ有物ク園ゲ書
撮ゲンイ絵一喜パ物芸名リイり猟ン
物ンガリ画園物陶み釣な魔物ズり味
みゲレ活編ール新クパび工絵芸味
クリエイティブ塩読着物編グ法ャ芸
ダ法釣ゼ撮喜ダ辛キ喜ン興味ー動ズ
書書クゼ撮シレ釣い疲陶編写イ魔劇的
絵写プゲ品ダーゲ画れ撮誇り編レみ
説辛い絵リ動真画エびた新鮮な食興
明キ絵魔釣編パレラ編ドライ影釣用

疲れた	ナチュラル
食用	正常
クリエイティブ	新着
説明	誇り
劇的	辛い
エレガント	生産的
有名な	責任者
新鮮な	塩辛い
強い	元気
面白い	ドライ

38 - Cuerpo Humano

猟 陶 品 ル り 興 ゲ ダ 味 ャ ン み ゲ 釣 園 釣
ャ 活 魔 シ イ ク 絵 エ 園 ズ ム イ 活 画 園 写
陶 撮 編 味 真 動 イ ン 猟 影 足 動 興 ジ 園 魔
シ 活 真 影 書 活 ラ ズ 味 興 首 活 影 リ 法 ク
耳 び 味 園 園 肌 ハ レ 撮 ル み キ レ み 影 絵
ラ 品 レ 写 影 魔 ー 画 シ 喜 写 品 読 動 動 目
真 グ 味 狩 味 ラ 編 ン ダ ゼ キ 興 脳 陶 工 写
ゲ 猟 肘 品 エ み ロ 釣 イ ャ エ 活 魔 プ 真 読
画 ダ 画 真 ズ パ び ン プ グ 写 イ イ グ 狩 陶
芸 ダ 頭 編 み シ 活 真 興 影 り プ エ ゲ 猟 顔
ズ 釣 興 み 影 鼻 園 影 り ー 書 シ ム リ シ 指
芸 キ ム 顎 猟 ズ ハ ジ 真 書 猟 ム ラ シ ン グ
編 魔 影 画 ム 芸 魔 パ ラ ー 品 ラ シ エ 魔 シ
シ ル ャ グ ル ジ 首 肩 シ 足 園 リ エ レ 興 臓
物 ム ャ レ イ み 品 パ 釣 猟 画 エ ル ゼ 編 シ
血 イ 陶 興 興 舌 イ ン 読 レ プ 画 ル 手 心 臓

心臓　　　　　　　　足首

39 - Calentamiento Global

```
ゲ 魔 興 イ レ 品 絵 エ ズ 園 キ ン 釣 ゼ 読 ク
芸 レ 動 イ 写 画 写 狩 リ 法 ラ ン 魔 真 絵 画
デ ー タ 温 度 グ 編 ジ 絵 北 極 ャ 動 猟 喜 狩
園 ギ キ 釣 ク 味 エ リ 動 り 品 ャ 撮 喜 喜 法
リ ル キ 味 リ み プ 物 写 ム パ 撮 ハ イ シ 読
今 ネ プ 陶 園 ク ゲ 魔 科 学 者 み 興 編 読 活
動 エ ジ イ 猟 ジ 興 真 ラ 撮 動 み 編 イ 興 パ
ラ レ ジ 画 狩 編 ル 陶 エ 危 キ 発 写 イ 読 活
味 レ 国 ャ 猟 シ 編 ク 写 機 達 味 影 ー 興 狩
法 律 際 味 ズ 物 ジ 世 代 ラ 影 ズ 画 ル 活 撮
ガ ス キ 興 人 芸 猟 シ ハ 読 画 グ ラ シ 狩 興
ャ 品 ム ズ シ ロ ー 未 ズ ー イ ン 園 釣 ジ 猟
影 写 ク ー 絵 結 真 来 ゲ イ 撮 ム 味 猟 ズ ル
法 撮 味 グ イ 果 ン 来 み 撮 真 法 環 気 候 注 意
狩 編 活 ハ 魔 ハ 喜 エ 猟 活 ラ 陶 境 政 府 ぜ り
業 界 ジ 物 写 ハ 喜 絵 猟 活 ム 喜 興 ク 画 絵 ジ
```

環境	未来
注意	ガス
北極	世代
科学者	政府
気候	業界
結果	国際
危機	法律
データ	人口
発達	温度
エネルギー	

40 - Ciencia

ム	ル	味	釣	ゲ	興	ン	方	絵	シ	狩	物	物	真	グ	芸
キ	釣	ク	動	味	活	ル	法	ラ	書	り	法	喜	撮	園	猟
動	ラ	グ	ハ	グ	絵	レ	絵	ム	法	動	ラ	レ	興	写
狩	化	動	び	キ	絵	ャ	読	撮	り	味	実	気	リ	ジ	ゼ
自	学	画	画	ー	釣	喜	イ	魔	ゲ	ゲ	験	ゼ	候	興	猟
然	薬	ル	ゲ	絵	ゼ	分	子	リ	ム	イ	レ	品	影	リ
ー	品	び	ラ	キ	味	プ	影	真	ゼ	イ	ク	画	り	化	進
影	芸	芸	ズ	ハ	プ	動	ゲ	レ	喜	仮	説	植	事	石	撮
デ	ー	タ	シ	読	ゲ	レ	物	物	生	エ	イ	物	興	実	書
ハ	リ	ゼ	猟	物	び	ダ	シ	理	撮	興	猟	ム	ゼ	物	ダ
影	ダ	物	エ	ン	真	魔	レ	学	科	影	活	ダ	パ	魔	喜
エ	エ	び	粒	ゼ	味	影	読	パ	エ	写	り	ジ	書	喜	レ
ン	ー	ハ	子	エ	イ	ャ	ン	パ	ム	ジ	シ	品	喜	エ	研
ゼ	グ	撮	エ	シ	ゲ	ィ	レ	重	ミ	ネ	ラ	ル	画	猟	ズ	究
ダ	画	ハ	原	ジ	味	釣	レ	カ	エ	リ	キ	絵	絵	び	室
レ	ゲ	写	子	ム	び	品	影	プ	レ	ン	法	品	狩	み	イ

原子	仮説
科学者	研究室
気候	方法
データ	ミネラル
進化	分子
実験	自然
物理学	生物
化石	粒子
重力	植物
事実	化学薬品

41 - Restaurante #2

陶 ケ 氷 レ 編 フ ル ー ツ 喜 ル 法 芸 ダ み 読
ー ジ 陶 ズ 法 ー ゼ パ 読 ズ 法 園 ダ 品 味
グ キ 興 書 水 フ プ み ゲ ャ ゼ ゲ 編 釣 パ 物
ー ク ダ 猟 影 ォ ゼ 書 プ レ リ ク 品 釣 前
レ 陶 影 撮 園 ー り ー 魔 エ グ プ ゼ レ 釣 菜
魔 び ー ム 味 狩 興 書 ク 魔 エ ャ 狩 品 レ 野
芸 書 ゼ 芸 ム 動 興 ズ 物 影 書 味 サ 釣 真 び
ク ー ゲ 品 写 塩 り り シ 物 魚 猟 撮 ラ タ 食
喜 絵 味 レ 画 椅 子 リ 陶 写 猟 グ グ ク ダ 法
み 喜 影 グ レ 猟 活 エ 撮 プ 絵 パ 撮 グ 興 り
ル 絵 狩 画 ジ グ パ ー ゼ 美 ャ ク ム 物 釣 み
写 園 画 法 リ 編 キ 絵 プ 味 ウ ェ イ タ ー 猟
レ キ 物 ズ 卵 撮 ラ 飲 画 し ラ ン チ 法 ハ ジ
ジ パ 釣 キ り ク イ 料 グ い 味 ー 興 法 ジ 興
物 ラ 猟 ャ ジ 物 喜 び ゼ ゲ シ プ ー ス 動 品
グ 味 グ 陶 釣 写 エ 絵 ラ 読 プ ス イ パ ス 魔

ランチ	スパイス
前菜	フルーツ
飲料	ケーキ
ウェイター	椅子
夕食	スープ
スプーン	フォーク
美味しい	野菜
サラダ	

ル	ジ	猟	味	芸	書	写	キ	喜	消	ル	ン	ハ	銀	行	家
園	ズ	ム	ン	宝	キ	編	書	読	ー	防	真	ン	絵	シ	ク
配	び	ン	ハ	石	芸	イ	動	り	ハ	編	士	タ	狩	び	ダ
ダ	管	ル	品	商	イ	喜	グ	ハ	ジ	ン	ダ	ー	絵	イ	ゲ
パ	品	エ	品	レ	真	ハ	ダ	園	興	画	キ	味	み	魔	影
レ	弁	護	士	ピ	写	ズ	イ	物	ル	絵	真	興	み	プ	興
釣	編	音	楽	家	ア	魔	ル	ジ	イ	ク	パ	ジ	ズ	プ	び
喜	集	者	動	ジ	パ	ニ	真	エ	陶	書	グ	魔	魔	動	園
ム	者	学	文	天	グ	ル	ス	狩	チ	看	護	婦	ゼ	編	地
興	学	理	ン	品	書	リ	影	ト	ー	リ	ス	ア	ジ	ン	図
魔	質	心	編	真	動	リ	興	読	コ	キ	園	ラ	キ	ン	製
味	地	レ	物	り	ル	法	ジ	大	使	味	シ	エ	プ	踊	作
園	ジ	ゲ	魔	真	ジ	陶	絵	ャ	陶	ャ	味	ハ	編	り	者
レ	写	み	味	り	読	リ	ハ	読	活	読	み	読	キ	子	医
り	エ	プ	ズ	猟	イ	ー	イ	ジ	ズ	エ	狩	シ	釣	ゼ	獣
ク	イ	ャ	エ	影	釣	リ	キ	活	リ	釣	エ	ク	真	り	撮

弁護士 　　　　　　　　　　　大使
天文学者 　　　　　　　　　　看護婦
アスリート 　　　　　　　　　コーチ
踊り子 　　　　　　　　　　　配管工
銀行家 　　　　　　　　　　　地質学者
消防士 　　　　　　　　　　　宝石商
地図製作者 　　　　　　　　　音楽家
ハンター 　　　　　　　　　　ピアニスト
医者 　　　　　　　　　　　　心理学者
編集者 　　　　　　　　　　　獣医

43 - Vehículos

```
動 ボ リ モ 喜 ラ 編 狩 シ ラ 書 ム リ ル イ グ
ャ ー 写 写 ー シ ク タ ャ フ ェ リ ー ダ ダ ズ
陶 ト ル ヤ イ タ 陶 キ ト 動 ダ 興 タ ズ ズ キ
活 猟 喜 法 地 レ ー ャ ル ン 園 書 プ キ 絵 読
キ エ パ 芸 下 工 物 ラ 法 ズ ダ 陶 コ み 絵 ク
ジ 真 編 読 鉄 読 レ バ 猟 ト 画 リ レ 読 書 ラ
書 陶 シ ズ エ 写 び ン 法 ラ ケ み へ ー 喜 ラ
キ ク ル 絵 パ 法 書 猟 ク ッ ラ ト 喜 機 釣 リ
ズ 物 興 活 興 品 品 猟 自 タ ト 飛 行 興 書 ジ
動 書 法 写 ラ ゼ 潜 猟 車 急 救 陶 真 パ ー 動
ダ び い エ ム 芸 水 車 列 急 救 真 ク レ 物 興
陶 レ 物 か 絵 ダ グ 猟 艦 ン 物 ク レ 物 興 プ
り 猟 プ 撮 だ 芸 び ャ 釣 編 真 影 猟 興 絵 パ
品 ダ 物 ジ イ び ハ 読 猟 ン リ 書 味 絵 キ ズ
レ 喜 絵 び ム 絵 魔 ン 品 ダ 品 ズ キ ズ 書 ス
```

救急車	ヘリコプター
バス	シャトル
飛行機	地下鉄
いかだ	モーター
ボート	タイヤ
自転車	潜水艦
トラック	タクシー
キャラバン	トラクター
ロケット	列車
フェリー	

44 - Geometría

```
み 動 ム 平 ズ 狩 猟 イ 喜 ゼ ゼ ム 画 番 曲 線
ム ハ 猟 行 エ 画 ー 味 書 ゲ プ 動 ム 影 号 キ
ゲ ゲ 園 ー 画 ズ ズ 影 ズ プ 編 ャ 三 角 形
キ り 猟 グ 法 味 狩 活 読 画 割 合 対 陶 狩 影
撮 動 中 ク イ ゼ ゼ ン ハ 芸 ン ハ 称 法 ゲ 編
ズ レ 央 物 ー 論 セ グ メ ン ト 法 ジ 編 狩 魔
ル ズ 値 ハ ル ゲ 理 動 イ 法 シ 読 リ プ 直 径
パ 喜 イ プ み ゼ イ 書 ダ キ ジ ー ゼ 次 元 ジ
狩 ゲ ー 興 ズ グ り イ 角 プ 物 ジ 陶 喜 園 真
狩 エ 影 園 イ 動 び 陶 度 計 シ 高 プ 魔 ン み
イ パ グ キ ル 写 ジ ン り 撮 算 さ キ 絵 び ハ
表 面 絵 ル 編 ハ 品 キ エ 影 ル ズ ラ レ 理 論
レ 魔 品 プ 園 ダ エ 水 平 方 程 式 撮 活 り ゲ
み グ ャ 影 魔 芸 イ 写 真 ジ 陶 釣 真 写 質 イ
動 園 法 垂 ラ ハ プ り 陶 ク 書 品 園 パ 量 味
キ ハ 園 直 み ク 芸 陶 釣 物 魔 猟 芸 シ ク
```

高さ	中央値
角度	番号
計算	平行
曲線	割合
直径	セグメント
次元	対称
方程式	表面
水平	理論
論理	三角形
質量	垂直

45 - Vacaciones #2

```
タ ズ 読 ン 空 陶 法 交 通 外 国 人 ラ ー プ ズ
喜 ク ジ キ ン 港 書 キ キ 猟 ャ ル 物 レ 味 品
味 品 シ チ ー レ み ダ 物 イ 法 リ 編 絵 興 キ
ム ゲ ト ー ポ ス パ ホ テ ル 狩 撮 物 書 ャ 味
狩 書 ン ビ リ プ レ ジ ャ ー エ エ り 芸 エ 書
ー 画 テ ジ ラ ゲ ム 喜 書 り 園 ク 陶 レ グ レ
物 ゼ ン 影 狩 び 活 予 レ 陶 活 撮 イ 法 狩 ス
地 図 動 園 プ 興 撮 約 魔 ゲ び 猟 イ ゼ 旅 ト
ャ 列 ラ 絵 写 編 ゲ ー 画 み エ イ み 真 ラ ン
島 車 ム 読 行 先 影 物 ジ 品 書 真 ム 読 ン 興
書 グ 興 ハ ラ ラ 影 絵 影 園 ズ ム ク イ み シ
休 日 ビ ザ 狩 ャ ク 読 ズ り レ 影 園 撮 写 法
ル ダ ー ジ 喜 写 狩 キ 書 ハ 真 海 喜 写 真 画
イ 影 ム 味 編 陶 プ 影 ズ 撮 興 動 魔 真 編 絵
真 活 ダ ハ 編 絵 狩 画 動 グ レ 釣 ク 狩 ジ 撮
シ ン 品 ル び イ ル ダ 影 プ 撮 猟 グ ジ プ 撮
```

空港	ビーチ
テント	予約
行き先	レストラン
外国人	タクシー
写真	交通
ホテル	列車
地図	休日
レジャー	ビザ
パスポート	

46 - Matemáticas

```
ゼ 味 ー プ キ 平 味 園 ジ シ 法 プ イ 読 シ 影
ゲ 読 法 ン イ 行 グ 動 み 撮 プ 興 リ 釣 ゼ シ
影 園 ー キ 動 品 イ レ 物 動 パ り 芸 ゼ プ 周
読 法 び 陶 画 ゼ ゲ ー 影 真 興 び 園 リ 活 囲
猟 ー ゼ 読 真 ャ ズ キ 多 真 プ 興 ャ み グ み
ジ ク 読 物 魔 シ パ 垂 角 三 角 形 矩 陶 芸 ハ
影 ャ 方 角 度 活 径 直 形 算 術 釣 辺 狩 物 活
動 法 程 み レ 味 半 り グ グ キ 動 ジ 四 ャ 猟
ダ リ 式 喜 ン エ 影 レ グ 撮 写 品 ー 品 行 平
プ 絵 ャ レ 魔 エ ボ 真 狩 イ ゼ 絵 ン 絵 魔 釣
り レ 品 シ キ 陶 リ ー ズ り 書 ン 絵 ク 陶 影
ラ ム グ ゲ 対 称 ュ ズ 陶 レ ク 狩 ク 読 り プ
味 喜 イ ン プ クー ラ 味 ラ 円 周 釣 キ 興
釣 園 芸 味 ラ 指 ム ダ レ 芸 興 魔 イ 影 パ 興
真 魔 撮 釣 字 数 幾 何 学 エ パ 物 味 味 ゼ
物 活 品 プ 狩 分 小 イ ゼ 釣 真 ル 品 び ラ 動
```

算術	平行
角度	平行四辺形
円周	周囲
小数	垂直
直径	多角形
方程式	半径
指数	矩形
分数	対称
幾何学	三角形
数字	ボリューム

歯	医	者	明	発	ン	イ	研	リ	シ	ー	活	動	品	び	ジ
ャ	ズ	学	画	シ	陶	ラ	探	究	興	園	園	物	ム	活	ャ
医	興	哲	ン	み	狩	ス	偵	キ	者	生	エ	学	魔	活	ー
書	師	興	写	陶	プ	ト	り	レ	猟	物	ン	者	ゲ	ダ	ナ
み	興	写	芸	真	エ	レ	喜	絵	ズ	学	ジ	画	興	陶	リ
イ	釣	プ	釣	レ	ダ	ー	外	科	医	者	ニ	園	編	魔	ス
キ	ゲ	ダ	狩	み	味	タ	画	画	家	学	ア	ク	み	プ	ト
喜	パ	釣	パ	読	絵	ー	ル	影	真	語	書	影	影	ダ	ッ
ラ	み	喜	司	絵	イ	活	パ	写	写	言	ム	ン	び	ジ	ロ
味	芸	興	書	キ	写	画	ン	写	り	レ	写	り	芸	猟	イ
ダ	魔	真	猟	写	影	ズ	宇	宙	飛	行	士	パ	園	画	パ
絵	興	ン	絵	猟	ズ	撮	庭	師	写	活	画	ゲ	撮	エ	芸
レ	シ	絵	ャ	書	園	パ	興	書	ク	び	ダ	ク	読	魔	キ
撮	絵	喜	び	キ	写	レ	狩	物	猟	パ	活	り	猟	陶	興
猟	先	レ	読	ダ	プ	喜	リ	活	ズ	エ	物	陶	ズ	リ	ル
ズ	ャ	生	ク	リ	絵	ラ	園	ン	ル	法	ダ	味	猟	み	パ

宇宙飛行士	発明者
司書	研究者
生物学者	庭師
外科医	言語学者
歯医者	医師
探偵	ジャーナリスト
哲学者	パイロット
写真家	画家
イラストレーター	先生
エンジニア	動物学者

48 - Senderismo

```
ク グ シ 書 ン ー 編 画 法 活 法 キ ブ 法 ラ ゲ
魔 ハ り 水 園 猟 物 み ム エ プ 園 ー ク 味 ク
オ び 石 ズ キ 猟 味 園 エ 味 み ツ り 画 み
リ 品 ラ 写 写 撮 ン ー 魔 疲 画 釣 活 真 イ
エ 書 ャ び 写 園 活 真 芸 れ ジ 品 狩 リ
ン 猟 書 撮 ャ 喜 動 真 猟 た 写 魔 読 エ ム
テ ャ 影 ラ 撮 蚊 ン 興 プ 写 パ リ 地 画 び
ー ム 喜 ン ジ 物 法 イ エ 太 リ 山 図 ダ シ
シ 画 ャ 味 ジ ハ リ 味 ズ 陽 影 ゼ ズ 芸 狩
ョ ム 猟 ー ダ 公 園 重 芸 ン ダ 魔 園 喜 キ
ン シ 撮 品 グ シ 園 い 物 写 キ 活 ク 編 野 り
撮 狩 ズ イ レ 喜 キ ャ ン プ グ 狩 プ 生 り
ラ パ ジ 活 キ ン 自 然 陶 猟 準 備 ミ 気 読 ダ
ガ ジ 動 グ ン 品 編 撮 り 猟 ハ ン 候 味 び
イ リ エ 真 グ び イ パ 崖 陶 ム ト リ ラ び ム
ド 法 シ 動 物 味 物 レ リ ャ り 画 写 エ 撮 シ
```

動物	自然
ブーツ	オリエンテーション
キャンプ	公園
疲れた	重い
気候	準備
サミット	野生
ガイド	太陽
地図	

49 - Naturaleza

釣ャ品霧味ジハ興写ゼシリキ園芸魔
りゲャ陶ハ書リムパ蜂影砂漠穏芸法
シェルターゼびク活葉影興猟やか写喜
一魔物パ美北トロピカルダりか喜ジ
真ズ狩陶絵し極川興ゲパエりグム真画
園真狩影味読さ動ダエレ書猟パク品グ
味ゲ平エジ芸撮プ雲リ真味ゲー法物エ
レエ和ダムャク読陶キ真イ撮ハグ猟
編画パ編法ゲルプ法品ゼグび写グキ
物野園的動レハ写影ゼ喜氷園グエリ
品生ハ動ムみ絵ダパゼ活河読真キル
物芸ン物写ン狩びみズ園重ムゼ侵リ
パレキ編サンクチュアリ要森ズ食陶
魔絵猟喜法真陶味狩絵影園芸ルー釣
ラ画り写ラ猟リム動ゼ物び園グ狩ダ
エラプハプ園猟ゼラリ園ルンゼプ

動物	平和
北極	シェルター
美しさ	野生
砂漠	サンクチュアリ
動的	穏やか
侵食	トロピカル
氷河	重要

50 - Conduciendo

工園品ル工撮活釣品グ園品ク猟動び
猟み物ル地図ラ陶レ物ル猟イシ喜書
法画ズネハム味安シ撮パダ物パイプシ
ライセンスバ動全動絵ー書品ゲ芸プシ
絵写バトガ芸ジ性危険パーイ撮編ダ
燃料園トジ物物み喜ジラびャ魔ゲゼ
陶写興み一ズびンゲジレ興猟工写ダル
書歩イ車レオハイ興キジキ物猟興ル
真行ラ園ガグみ書画物狩プ釣興魔絵
品者ジ喜ンプ園ンハキ園絵ダズラみ味
絵リン速ムリム園ダ事故トーリみプ
陶影喜度芸リびびズグスラ猟ムエ
ブ喜ゲ書活ジーキ真動交卜喜ッ品エグ
陶レ画ゲパハ猟芸物ル通リ法ク猟
シ真ーイキプみハ警猟真ーシ芸動猟ク
ダ真ジキモーター察味影トプゼジク

事故	オートバイ
バス	モーター
ストリート	歩行者
トラック	危険
燃料	警察
ブレーキ	安全性
ガレージ	交通
ガス	トンネル
ライセンス	速度
地図	

51 - Ballet

ジェスチャーレオ作曲家キ物書ゼ品
物ーシ法読写ナーリレバり真読狩ダ
び狩味エ撮写絵ケムーャム影釣興ハ
筋レッスンハ撮スト書ソスタイル強度
編肉クレ品物書ト動喜ロリーサンダ
表現力豊かな釣ラ写リルパ狩ーエャ
喜芸陶ズー書み絵プ品物ラエハ味り
拍手物び園興法ジルジ芸ムズリク影
園絵ハダ編ーンハジシジャエキ動み
振り付け猟写興パ影喜ハム芸練キ猟
ラみ猟り物ゼ読レ編スグ術技習キ書
画シル影読キク撮品キイジ的ャイ読
画陶活ジグ動芸キ園ル物ラ画画ジ品
ジ編芸釣み活シラ活書ムハり魔ズみリ
ハ音楽編画ゲ撮物リ魔ダ撮魔ズゲび
品園ム物レ書狩喜ルル狩品ゼ写書法

拍手	スキル
芸術的	強度
バレリーナ	レッスン
ダンサー	筋肉
作曲家	音楽
振り付け	オーケストラ
リハーサル	練習
スタイル	リズム
表現力豊かな	ソロ
ジェスチャー	技術

52 - Fuerza y Gravedad

```
読 猟 物 リ ル セ ク 速 圧 陶 喜 ル カ エ 釣 リ
影 パ ハ ン パ ン 度 写 力 魔 読 学 ー 動 品
プ 釣 パ 書 グ 読 品 タ 写 ゲ グ レ 編 動 編 園
物 理 学 動 影 ン ル ル ー ゼ 画 シ 法 魔 猟 レ
陶 影 惑 拡 張 発 見 ー 芸 物 イ 軌 ム パ レ 芸
ダ み 星 ク ク 物 重 さ ジ 編 グ 道 ル ャ 物 猟
画 ズ 喜 猟 エ ダ 狩 キ エ り び り 動 キ リ ゼ
プ 活 プ 画 写 喜 読 物 物 時 書 読 的 イ ャ 真
ハ 影 影 響 園 動 画 ン 興 間 ム ン グ 撮 園 プ
み ク 書 真 絵 リ 法 魔 磁 マ ハ シ 陶 ユ ハ ロ
ル 絵 び り シ 物 釣 喜 気 グ ム ゲ 喜 ニ 編 パ
イ 釣 園 パ 味 軸 距 影 書 ニ ル み ゲ バ グ テ
書 法 パ グ ク 影 狩 離 ー チ エ 活 ゼ ー エ ィ
活 り エ プ み ク ー 活 ダ ュ 品 ハ ゲ サ 園 み
パ 陶 法 ゲ 読 ズ み イ 読 ー 絵 ハ ゲ ル り 動
リ ゼ 魔 編 摩 擦 イ プ ム ド み ー 法 園 読 品
```

センター	力学
発見	軌道
動的	重さ
距離	惑星
拡張	圧力
物理学	プロパティ
摩擦	時間
影響	ユニバーサル
磁気	速度
マグニチュード	

53 - Pájaros

興	コ	画	ン	カ	カ	ダ	オ	オ	ハ	シ	び	ク	法	影	味
魔	ム	ウ	オ	ラ	ッ	り	チ	園	動	リ	画	編	ダ	シ	写
キ	書	ョ	ノ	ス	コ	鳩	み	ョ	レ	ダ	読	レ	喜	ゲ	ダ
卵	カ	チ	ハ	ト	ウ	鷲	ョ	動	法	工	鷹	味	パ	狩	編
ク	モ	ガ	活	魔	リ	ゲ	味	物	品	活	び	リ	魔	ン	ャ
シ	メ	動	影	ゼ	芸	書	書	猟	シ	品	ゲ	み	ン	喜	メ
グ	真	ズ	イ	ズ	ャ	シ	シ	撮	イ	ク	ー	活	ル	ズ	画
ズ	画	写	み	釣	絵	チ	ャ	動	ジ	ゼ	撮	ス	ゼ	喜	書
影	狩	ゼ	ラ	興	エ	ラ	キ	釣	ラ	編	影	狩	ゼ	味	芸
シ	真	ラ	レ	狩	ム	ゴ	ン	ミ	フ	狩	ム	法	ズ	狩	り
編	ゼ	ャ	パ	白	パ	ラ	ギ	ン	興	猟	法	影	猟	レ	ダ
ャ	レ	パ	ゲ	鳥	書	釣	ン	カ	リ	ペ	品	影	レ	ラ	真
法	ア	ヒ	ル	ー	み	ハ	ペ	ー	ン	ー	プ	物	絵	動	ム
陶	画	パ	ー	味	ー	動	興	猟	イ	園	影	魔	動	イ	真
サ	ギ	レ	真	影	ハ	動	編	品	ジ	物	ン	陶	物	イ	ム
ラ	味	プ	ム	写	法	ャ	リ	画	イ	み	ク	動	品	リ	エ

ダチョウ	カモメ
コウノトリ	スズメ
白鳥	オウム
カッコウ	アヒル
カラス	ペリカン
フラミンゴ	ペンギン
ガチョウ	チキン
サギ	オオハシ

54 - Geografía

```
写 ジ 芸 地 芸 ー ラ 興 ル 園 動 園 興 り ル 釣
魔 西 喜 域 イ エ 魔 世 活 品 影 ム ハ キ リ 影
ル 味 画 ゲ シ 緯 度 釣 界 地 写 エ 高 書 リ 南
真 り 喜 ジ 写 画 経 ダ 界 図 キ 度 喜 活 猟
猟 活 真 国 イ 海 子 午 線 写 ハ び リ 書 真
活 読 半 球 ー キ グ 活 芸 北 ン 写 画 読 猟
活 り 編 物 興 編 活 ゼ 動 ダ ズ 編 ズ 影
編 陶 喜 市 ャ レ び 芸 魔 読 読 画 り 魔
喜 陶 グ ハ イ 読 ズ ゲ イ 書 撮 エ ル プ 撮
芸 芸 ー 品 真 読 味 ハ 狩 興 領 エ ハ 法 撮
り 大 み イ 狩 品 グ 狩 レ 読 域 絵 び 園 興
イ 陸 ラ シ イ 川 読 真 真 ム プ 読 読 法 ル
ラ 真 島 山 猟 興 喜 喜 狩 魔 猟 絵 物 興 写
狩 編 書 編 活 ャ 動 み ラ ク ア ト ラ ス ク
園 ラ 狩 編 物 み ハ 興 魔 ダ ー ジ 写 読 喜
興 物 ル ハ 活 芸 書 レ ゼ 園 魔 び ラ イ 喜
```

高度	地図
アトラス	子午線
大陸	世界
半球	領域
緯度	地域
経度	

55 - Música

```
り ゼ 真 法 ャ キ 活 画 写 ズ 編 味 オ ダ 猟 品
画 園 猟 動 ジ ル ン 真 絵 写 魔 ペ テ ン ポ ズ
狩 ン ク ー 編 ン ャ 影 リ マ 物 ラ ク ミ 品 芸
リ シ ハ ゼ ゲ エ 活 陶 ジ ゼ 園 ゼ イ 即 味 レ
ズ 読 ン 音 楽 家 ゲ ダ グ イ ク ュ 狩 ル 興 味
ム バ ル ア レ 真 編 ゼ ハ ン キ ー ジ ラ ム 興
み ダ 魔 魔 物 調 リ 真 ズ 真 興 ニ カ モ グ ゼ
陶 エ 録 工 魔 和 活 シ エ 画 撮 モ ー ル 魔 陶
ハ 真 狩 音 興 影 真 リ み 狩 影 ー 楽 絵 グ 画
メ ロ ディー バ ム ダ 撮 み 歌 レ 読 写 魔 ク 書
猟 み ー バ ム ダ 歌 シ う 写 芸 イ ジ 魔 釣
ー 法 ダ 歌 パ ム リ 興 写 び 読 ジ 魔 グ カ リ
シ 詩 的 ー ハ 手 編 興 物 芸 真 イ 魔 ク ゼ 狩
釣 読 芸 ド ハ プ 興 法 工 写 レ ジ 魔 グ ル グ
パ り 魔 プ イ 興 び 写 ン 活 読 ク ゼ ル 興 画
キ グ コ ー ラ ス 撮 動 ラ 物 レ ン ゲ 興 画 グ
```

調和	楽器
ハーモニック	メロディー
アルバム	マイク
バラード	ミュージカル
歌手	音楽家
歌う	オペラ
クラシック	詩的
コーラス	リズム
録音	テンポ
即興	ボーカル

56 - Enfermedad

```
画 品 釣 リ ウ プ 症 写 ダ 腰 椎 ジ 猟 画 イ 写
み 興 キ レ ェ 書 炎 味 撮 狩 法 芸 園 弱 エ い
味 シ ー ギ ル レ ア 骨 群 書 伝 遺 ジ ダ レ プ
真 園 狩 ー ネ イ グ 絵 シ グ 染 品 ラ リ レ ラ
絵 撮 興 影 ス 免 疫 慢 絵 品 性 伝 遺 治 書 撮
ン ズ 法 編 び 影 画 性 プ ゼ 狩 ー 療 ラ キ 味
グ 品 ャ び リ 絵 神 物 興 真 レ 狩 読 物 味 ャ
狩 パ み ゼ ダ ゼ 経 り ジ 写 読 狩 読 味 編 書
ラ 味 シ ゼ ジ リ 障 釣 写 ル グ シ 陶 影 法 味
腹 部 ラ 園 リ 品 害 喜 猟 狩 興 ー 狩 シ 活
心 呼 吸 器 エ ム 動 プ ダ み シ ー 狩 グ び
芸 臓 陶 画 真 ク 興 影 ダ グ ラ ラ ム 画 ジ
味 キ プ 動 ズ パ 喜 み 味 ダ 釣 動 び 画 ャ
リ 写 健 エ 魔 芸 影 写 芸 興 ゼ ハ 写 ダ 釣 ズ
撮 ク 康 画 キ エ シ 肺 イ 園 エ 園 レ エ 味 狩
ダ 撮 狩 プ ム 芸 グ エ 法 絵 真 ー ラ み ル 狩
```

腹部	炎症
アレルギー	免疫
ウェルネス	腰椎
伝染性	神経障害
心臓	呼吸器
慢性	健康
弱い	症候群
遺伝	治療
遺伝性	

興	興	り	キ	釣	ム	キ	イ	ラ	ス	ャ	陶	陶	真	釣	ハ
ル	ダ	り	書	エ	興	写	ハ	グ	キ	魔	ハ	イ	キ	ン	グ
読	書	味	ジ	釣	影	活	編	ン	ル	エ	影	エ	物	ョ	物
レ	パ	リ	動	キ	ジ	影	み	ラ	絵	読	芸	園	画	シ	ム
活	ク	ク	撮	猟	園	物	物	ク	物	喜	ン	品	キ	ー	狩
動	喜	影	影	絵	リ	ゼ	興	園	写	ラ	エ	真	パ	ゼ	動
釣	釣	ル	物	写	撮	真	味	ム	魔	真	リ	陶	法	ク	ゲ
活	物	写	ダ	ダ	ゼ	影	味	喜	法	味	撮	グ	釣	ラ	パ
ン	活	画	編	撮	品	シ	芸	写	品	プ	写	影	ハ	リ	ル
動	ム	画	編	法	陶	猟	絵	園	り	エ	撮	品	ラ	ゲ	グ
喜	動	レ	撮	ジ	真	キ	パ	エ	ラ	ハ	芸	り	縫	製	ム
ジ	味	び	プ	真	芸	ン	ク	ジ	芸	狩	猟	ム	狩	法	ハ
ム	活	活	り	パ	狩	ハ	ン	プ	絵	レ	グ	ゲ	ゲ	ル	喜
パ	ー	写	真	り	園	活	絵	画	絵	リ	ジ	ア	ー	ト	び
ズ	ャ	ダ	エ	エ	び	イ	画	イ	園	エ	ン	ャ	絵	猟	エ
ル	リ	ン	ー	ズ	ク	編	ハ	芸	ル	釣	り	ム	ー	ゲ	イ

活動	読書
アート	魔法
工芸品	レジャー
狩猟	釣り
縫製	絵画
写真撮影	喜び
スキル	リラクゼーション
興味	パズル
園芸	ハイキング
ゲーム	編み物

58 - Verduras

```
イ ク キ イ 喜 イ 読 絵 ル 撮 ル セ ロ リ 芸 ム
画 品 ュ ゲ 狩 ラ 法 ー パ 釣 品 動 ダ ャ み 茄
ハ 陶 ウ 編 ー シ ズ シ 影 ダ パ ラ 魔 み ジ 子
ほ ジ リ み 写 ジ 狩 ー ン キ ジ 品 イ ー ジ 陶
う ブ ロ ッ コ リ ー 書 陶 影 園 レ ム 興 編 ム
れ カ イ 法 キ パ 味 狩 狩 ン ジ か ト マ ト ゼ
ん エ ン ド ウ ノ シ ん プ 真 釣 ぼ レ ア ジ シ
草 オ リ ー ブ ジ コ じ こ 読 ぜ ち ム ー み ョ
パ セ リ ゲ 書 読 真 ん も い が じ テ 真 ウ
ー 魔 猟 猟 園 釣 キ に ン 品 だ 釣 ク ィ ジ ガ
ズ 法 ジ 編 レ 玉 イ ン 味 ハ 魔 物 芸 チ 影 写
ム 陶 ゼ 動 味 撮 葱 プ 影 ニ ン ニ ク ョ ン パ
法 芸 魔 ク キ 法 ン ゲ 法 活 動 ー 撮 ー 活 撮
味 び ダ ー 真 ャ り 写 画 書 リ プ エ 影 ダ
味 ャ 物 喜 ル 狩 び 陶 猟 影 編 シ 編 影 絵 動
サ ラ ダ ハ ク り 活 ラ 読 イ ム 撮 ー 猟 リ キ
```

ニンニク	ショウガ
アーティチョーク	カブ
セロリ	オリーブ
茄子	じゃがいも
ブロッコリー	キュウリ
かぼちゃ	パセリ
玉葱	だいこん
サラダ	キノコ
ほうれん草	トマト
エンドウ	にんじん

59 - Instrumentos Musicales

```
ズ ゲ 編 喜 み ル 法 芸 み チ ェ ロ ジ バ 活 リ
ー 釣 興 ズ 品 味 フ 編 狩 ゼ 画 影 写 イ ル ム
び 画 ク ゴ ン グ り ァ 魔 ス 読 画 シ オ 物 ト
編 ム ラ ド ハ レ ハ 画 ゴ ク レ エ リ プ ロ ン
品 ン リ ギ 芸 ズ 真 味 ト ッ ク シ 喜 ン ャ ン
ジ み ネ タ エ み パ 書 ラ サ エ プ ャ ラ ボ
ル 書 ッ ー 写 画 影 ン ョ シ ッ カ ー パ ン
影 ャ ト マ リ ン バ 釣 ペ 喜 び リ ニ ョ ハ ン
タ 味 び 物 物 魔 真 編 ッ ン 品 ー モ ジ ハ プ
ジ ン 法 動 ピ ム ズ 影 ト 興 味 編 ー ン ゼ り
品 味 バ 影 ア 興 ン ク イ 画 狩 ク ハ 陶 ン
真 ジ ゼ リ ノ ダ 品 絵 ゼ マ 影 み 編 レ 撮 動
真 ハ シ 編 ン フ ル ー ト ン オ ゲ ゲ イ 編 味
園 ャ ズ シ イ プ 影 法 ラ ド ー 陶 猟 み ゲ 影
ル 物 り パ み ダ 影 絵 書 リ ボ 活 狩 ム 物 品
エ プ 絵 真 レ ダ ダ リ ム ン エ ラ グ ル ゼ 書
```

ハーモニカ	オーボエ
ハープ	タンバリン
バンジョー	パーカッション
クラリネット	ピアノ
ファゴット	サックス
フルート	ドラム
ゴング	トロンボーン
ギター	トランペット
マンドリン	バイオリン
マリンバ	チェロ

60 - Flores

活	品	法	物	魔	ゼ	釣	ジ	ャ	ス	ミ	ン	ャ	ハ	ー	魔
グ	シ	味	品	喜	読	絵	ひ	ー	ャ	書	ウ	ソ	イ	ケ	ト
ク	マ	グ	ノ	リ	ア	ャ	ま	イ	喜	真	陶	活	ビ	レ	真
芸	ロ	読	グ	キ	芸	ル	わ	釣	レ	法	芸	釣	ス	品	動
味	パ	ー	タ	ハ	動	芸	り	活	レ	品	品	撮	カ	ャ	ン
ー	ラ	ジ	バ	ン	ム	レ	ハ	書	イ	魔	ハ	み	ス	書	猟
ム	イ	イ	ダ	ー	ポ	ン	ラ	魔	リ	品	シ	編	キ	ル	読
物	ラ	デ	ジ	ピ	ハ	ポ	ベ	写	ゼ	活	活	み	ク	芸	エ
ク	ッ	び	味	ポ	画	エ	ン	百	合	真	真	絵	び	興	ジ
園	ク	動	び	キ	園	絵	ダ	ゼ	ラ	シ	牡	ク	動	ダ	猟
び	ゼ	ゼ	ダ	狩	魔	プ	ー	ハ	活	リ	丹	り	チ	エ	シ
釣	陶	シ	活	味	喜	ッ	園	ャ	束	イ	ラ	ダ	園	ナ	読
リ	魔	ー	プ	ル	メ	リ	ア	み	花	弁	動	書	芸	影	シ
ム	写	画	品	編	釣	ー	キ	ハ	猟	画	ャ	ズ	レ	喜	グ
イ	ゼ	狩	狩	法	陶	ュ	キ	ズ	影	魔	ゲ	編	ゼ	蘭	キ
興	読	ハ	動	興	書	チ	イ	み	パ	ゼ	編	ー	絵	ラ	釣

61 - Astronomía

興 動 品 喜 ン 釣 編 撮 絵 味 ロ 画 り 物 ク ゲ
味 画 狩 真 編 シ ダ 衛 星 イ 興 ケ ム 狩 画 釣
陶 釣 リ ハ 編 編 み プ イ ン リ 法 ッ パ エ 台
ゼ 月 食 宇 宙 飛 行 士 芸 撮 園 ム 陶 ト リ 文
パ 喜 リ 絵 宇 レ 銀 味 釣 ジ 放 写 イ 法 流 天
ジ シ 望 魔 ハ 物 河 り 狩 キ 射 狩 品 ャ 星 文
ジ 味 遠 ン 画 ャ ダ 釣 撮 ゼ 線 ン 物 ム 惑 学
ゲ 味 鏡 活 撮 り 活 撮 編 絵 り キ 狩 ジ 物 者
ジ レ 猟 ラ ゲ 写 真 撮 エ イ レ 読 キ ゲ ラ
狩 物 キ 読 り 書 物 み 芸 キ エ 画 ム ラ 品 動
ン 編 魔 写 釣 動 影 ズ 魔 レ ゲ ジ エ ハ レ 星
品 品 影 ダ 撮 地 ゼ 真 グ 写 書 び グ 編 座
重 キ ハ シ み 球 び 書 狩 魔 絵 ハ 喜 品 グ
力 小 写 レ 園 撮 興 ゼ 興 レ 真 猟 キ 園 グ
リ 惑 画 園 シ 味 ー 品 ン 春 ム ジ 絵 影
レ 星 新 超 プ び ラ び 猟 物 分 プ 空 ャ キ

小惑星 天文台
宇宙飛行士 惑星
天文学者 放射線
ロケット 衛星
星座 超新星
春分 望遠鏡
銀河 地球
重力 宇宙
流星

62 - Tiempo

```
動 キ 編 レ ム り 書 猟 品 び ャ 計 時 編 ム イ
リ 世 紀 味 法 エ ャ ラ シ 品 イ 影 間 イ 前 品
カ レ ン ダ ー 編 ラ 狩 ゼ 興 リ 影 昨 ム キ
品 興 ン 活 り パ 芸 レ 活 イ 喜 動 編 画 リ ゲ
り ャ 陶 ン パ 魔 撮 エ イ 喜 ラ 動 品 ー 陶 影
ゼ 園 撮 動 み エ 影 一 喜 ャ 魔 イ ム 魔 ル エ
ゼ グ 編 絵 エ ル 魔 グ 陶 真 リ パ 編 ル ダ 陶
園 絵 釣 動 芸 ラ 書 影 陶 り 週 活 活 ダ ダ
ハ 物 ゼ 喜 動 み エ グ 撮 芸 エ ゲ 魔 ー 魔
シ グ ラ シ 撮 ャ レ 芸 ゲ ジ 昼 読 動 物 分
月 シ 活 ム ゲ ム パ 撮 今 日 ズ 味 活 ク
読 り ゼ 喜 ジ 年 芸 品 法 影 ャ ゼ 興 日 グ
ズ ラ 園 読 法 通 陶 画 編 芸 パ 今 朝 ゼ シ
味 味 キ り 十 年 ハ シ 味 ズ ズ 編 活 撮 ム
味 ル 芸 動 年 読 ゼ ハ 夜 喜 び 未 撮 品 り
ゲ 園 喜 ズ ク ジ 読 り 物 写 影 レ 来 シ 釣
```

通年	時間
昨日	今日
カレンダー	一瞬
十年	時計
未来	世紀

63 - Paisajes

```
ダ 味 絵 影 オ 活 釣 エ ム 園 プ 半 イ ム 読 ル
園 ジ ム 芸 撮 ア 書 り 味 編 り ジ 島 砂 漠 芸
ン 陶 撮 写 書 猟 シ 猟 味 編 写 河 氷 シ キ レ エ
ャ 影 プ 読 谷 プ ク ス ゲ 品 ル ロ キ 興 書 ハ 絵
影 絵 撮 真 ク ム 芸 ル エ キ 魔 ダ ク 書 ダ グ ハ
ム 絵 ム ゲ ク 画 芸 品 ジ ハ ゲ ラ ダ ン 興 ダ グ
プ グ 画 び 撮 喜 川 真 読 読 ゲ 沼 読 写 興 プ ダ
書 活 ハ 喜 編 園 陶 釣 山 火 画 ン 味 物 プ ラ 物
動 ル 書 ラ ク 園 み ラ 釣 プ 法 物 洞 窟 ラ 物 猟
イ 絵 喜 狩 写 園 味 ゲ 読 エ 写 写 陶 ズ 物 真 海
ジ り 品 絵 エ ズ 動 読 リ 撮 氷 プ 画 ラ 真 り
芸 ク 狩 絵 ズ ラ ド ン ツ 氷 山 ビ ャ ズ 真 喜
ャ 真 ク 撮 グ グ グ シ 画 ハ 画 び ー 狩 読 真
魔 滝 ハ 釣 湖 ー ズ 写 ジ 写 み レ チ レ 活 ル
釣 興 活 み り ン シ ム ラ ン プ キ 法 画 味 ム
ゼ み 動 興 写 間 欠 泉 ン 絵 動 猟 影 猟 ム グ
```

洞窟	ラグーン
砂漠	オアシス
河口	半島
間欠泉	ビーチ
氷河	ツンドラ
氷山	火山

64 - Días y Meses

び	り	キ	真	イ	魔	パ	ー	魔	び	狩	キ	猟	エ	画	書
編	キ	リ	ズ	ャ	ル	ジ	書	真	年	エ	ム	行	陶	ラ	ゲ
木	曜	日	曜	土	ャ	狩	園	二	月	五	パ	釣	進	パ	レ
六	り	曜	法	カ	レ	ン	ダ	ー	七	八	ム	十	一	月	ジ
月	法	月	イ	活	シ	ー	ゼ	バ	ゼ	キ	エ	芸	喜	月	狩
活	影	ラ	写	陶	活	グ	釣	ン	画	ハ	ゲ	撮	活	絵	法
水	曜	日	曜	金	書	ル	ゲ	テ	シ	ハ	日	曜	日	物	シ
狩	狩	ジ	曜	画	園	エ	ム	プ	ン	喜	芸	り	活	ム	キ
ゲ	プ	猟	釣	火	ハ	ン	リ	セ	グ	プ	グ	シ	絵	ム	ン
品	ル	書	園	読	喜	ゲ	編	プ	猟	魔	ャ	書	レ	ジ	芸
猟	ゼ	ゲ	レ	レ	撮	ズ	ラ	活	猟	ゲ	品	ー	狩	真	エ
パ	釣	読	書	グ	書	プ	物	撮	び	活	週	活	絵	ー	工
ー	法	ラ	喜	シ	ー	影	味	狩	活	ラ	園	イ	興	プ	品
影	活	書	シ	法	画	写	書	物	ル	エ	イ	プ	リ	ル	撮
パ	影	撮	ズ	り	絵	釣	ク	物	園	み	品	園	キ	影	猟
書	り	編	写	ン	魔	魔	シ	ゼ	影	ン	み	法	リ	キ	シ

エイプリル	火曜日
八月	行進
カレンダー	五月
日曜日	水曜日
二月	十一月
木曜日	土曜日
七月	セプテンバー
六月	金曜日
月曜日	

65 - Biología

```
喜 物 魔 ホ レ リ り 動 グ ハ 哺 酵 素 ズ 撮 ゼ
細 胞 り ル 写 み イ 法 活 ゼ 乳 ャ 書 興 ム り
法 ゲ ル モ 撮 喜 ク ン 園 画 類 虫 爬 解 剖 学
喜 ジ 光 ン 書 陶 法 画 ズ 園 リ シ ナ プ ス パ
ズ ン プ 合 ズ 魔 絵 ル シ 画 写 芸 興 り 品 ー
ラ ジ イ 共 成 釣 猟 イ 影 ム ゲ 編 ン 法 釣 ゼ
ー 陶 突 生 画 ク 法 編 品 編 興 シ ン 書 撮 イ
画 み 浸 然 り り 真 胚 喜 写 ャ 狩 ン 猟 イ ャ
ナ 撮 透 び 変 ー み 活 レ シ ー レ 猟 味 絵 絵
チ 神 経 陶 イ 異 陶 工 品 物 絵 ー 画 喜 シ 喜
ュ リ 味 り 釣 写 ニ ジ 編 狩 猟 真 芸 写 ャ キ
ラ タ ン パ 質 ュ ゲ 味 書 ダ ン 染 喜 法 キ 動
ル 絵 ゲ ク リ グ ー 細 進 書 色 影 撮 キ ゼ ダ
プ 撮 ー リ ン ラ ロ 菌 キ 読 化 体 ゼ 狩 ダ パ
絵 画 ラ ク 興 プ ン グ 芸 グ レ 写 狩 芸 読 物
ゼ ー コ 狩 画 ジ 猟 写 ハ 写 キ ク ゼ ダ 物 活
```

解剖学	突然変異
細菌	ナチュラル
細胞	神経
コラーゲン	ニューロン
染色体	浸透
酵素	タンパク質
進化	爬虫類
光合成	共生
ホルモン	シナプス
哺乳類	

66 - Jardinería

```
ダ ズ 画 ハ み 魔 グ び グ 影 プ フ 季 影 び 喜
釣 ゲ 魔 レ ク 品 撮 ャ プ ド ロ 編 節 動 レ 影
ャ 魔 味 グ 品 品 キ ハ ジ 書 種 ー ャ 活 撮 撮
興 ル 園 物 ホ エ ゾ チ ッ ク ラ ャ ダ 芸 泥 陶
法 興 堆 ゼ ー 興 陶 絵 ル 影 ル レ 園 泥 花 花
ル ク 肥 ル 品 工 土 影 編 み り 撮 ー 束 オ 束
絵 イ み 物 リ 釣 興 写 み り 狩 魔 イ 芸 オ エ
味 影 ャ ャ 猟 パ 容 食 用 花 気 ダ 物 キ エ 絵
み り プ ル 園 ハ ゲ 器 ゼ キ 狩 書 候 物 ル パ
ハ ハ ャ キ 編 グ 喜 動 グ 撮 興 編 ム ル プ プ
プ ー 編 影 レ 水 書 ゼ ム ズ 絵 動 ル 狩 ズ 子
キ ル 味 ハ 分 プ 撮 釣 法 味 葉 影 ル ズ 種 ズ
み プ 動 読 ゼ 芸 ラ ハ び 影 編 シ 編 活 レ レ
書 味 園 ー 書 ラン 読 ゼ 陶 園 撮 パ 写 画 ャ ャ
陶 写 編 真 ク み 活 植 釣 エ 興 画 魔
ン 編 撮 真 ゼ み イ 物 絵 シ 物 ゼ 絵 芸 ャ
```

植物	フローラル
気候	オーチャード
食用	水分
堆肥	ホース
容器	花束
季節	種子
エキゾチック	

67 - Chocolate

イ	物	ー	お	気	に	入	り	エ	パ	シ	エ	猟	ル	ー	ー
猟	り	真	興	狩	ル	物	香	キ	狩	び	撮	ク	イ	り	り
ャ	エ	グ	成	分	エ	ム	興	ゾ	狩	い	ゲ	ダ	園	猟	魔
法	園	リ	猟	ゼ	影	品	法	チ	物	し	キ	ジ	影	ジ	書
狩	味	法	ハ	ハ	活	グ	動	ッ	影	味	キ	リ	り	カ	編
ズ	書	芸	ン	ー	酸	活	び	ク	ダ	美	カ	品	編	ラ	ム
影	品	ダ	絵	撮	化	動	物	興	レ	狩	ロ	キ	リ	メ	絵
パ	ゼ	狩	ム	魔	防	ジ	ル	み	写	シ	コ	リ	グ	ー	真
砂	糖	イ	ク	グ	止	撮	喜	写	シ	コ	ー	ゼ	り	魔	品
喜	ジ	り	真	興	剤	狩	真	ン	喜	ナ	ゼ	興	苦	い	甘
釣	ム	物	猟	ジ	レ	法	び	キ	ラ	ッ	読	リ	ゲ	職	ャ
り	撮	喜	真	び	ラ	ム	品	び	絵	ッ	撮	ゲ	読	園	人
プ	ゼ	エ	み	撮	リ	写	書	エ	ー	ッ	プ	絵	品	質	ー
味	カ	レ	グ	書	画	ク	絵	エ	画	ナ	リ	ム	ゼ	動	プ
ャ	物	カ	書	写	り	写	釣	写	キ	ー	喜	ー	エ	ハ	園
ハ	レ	狩	オ	魔	粉	陶	魔	ル	魔	ピ	シ	レ	物	影	ャ

苦い	カラメル
酸化防止剤	ココナッツ
香り	美味しい
職人	甘い
砂糖	エキゾチック
ピーナッツ	お気に入り
カカオ	成分
品質	レシピ
カロリー	

68 - Barbacoas

```
ダ 活 コ ー 味 玉 釣 り 品 ゼ ズ 品 味 ャ り り
ラ 物 リ シ ラ ね パ ダ 編 グ 真 撮 書 狩 ク り
び 撮 興 リ ョ ぎ 芸 ナ ゲ リ 家 音 楽 ジ パ 陶
プ ダ 編 魔 キ ウ ハ イ ル ル 狩 族 ム 興 プ ハ
シ 読 品 ャ 法 キ ク フ 野 菜 興 子 グ イ キ ゲ
活 ハ シ 園 釣 ム 撮 ト 画 興 パ 供 狩 写 狩 ダ
エ プ ズ ゲ み ク ズ マ 読 物 飢 達 ズ 釣 ズ 味
ゲ ー ム ホ 釣 ソ ト 法 ー 餓 ル 写 エ 品 ジ
法 芸 味 ッ エ 活 ー 撮 タ 狩 リ イ 猟 夏 味 法
イ ル ズ ト 魔 ラ ル ス 食 読 ン 猟 陶 パ ハ プ
チ キ ン イ 猟 フ 動 芸 ク 撮 み シ ジ み ク
ン ム 芸 み ダ ハ ク 芸 ハ 影 ダ ン ハ び 写 書
ラ パ ャ 撮 興 パ 撮 園 撮 芸 釣 イ 影 猟 真 ラ
イ び ー ル 釣 び ー ル ャ 芸 絵 活 ー 品 影 キ
ダ 猟 キ リ 興 味 プ ダ サ ラ ダ ク ハ 園 リ
ゼ 品 写 絵 パ び 釣 ャ リ イ プ 興 品 塩 画 ゲ
```

ランチ	ゲーム
ホット	音楽
玉ねぎ	子供達
夕食	グリル
ナイフ	コショウ
サラダ	チキン
家族	ソース
フルーツ	トマト
飢餓	野菜

69 - Ropa

```
ゲ び ズ 影 セ ン ド 法 び ン 動 イ 画 ム ジ 書
ベ ル ト 園 ー り レ イ コ 写 園 リ レ 猟 ュ 法
手 パ ク 芸 タ 釣 ス プ び ー イ シ 動 物 エ キ
ダ 袋 ジ ハ ー 物 ウ 真 グ 画 ト ー カ ス リ シ
活 シ ダ ャ ン 園 ラ ン ョ シ ッ ァ フ レ ー み
ゼ レ ン 芸 マ 絵 ブ ャ 陶 興 レ パ み ク 画 パ
写 興 ス カ ー フ 靴 ク ズ ハ ス ズ 活 ッ ル 魔
陶 味 パ レ エ 動 陶 書 ム グ レ み ジ ネ 魔 り
み 写 釣 レ ラ 狩 物 ハ ズ ル ブ 読 み 品 釣 エ
ズ ム ャ 編 書 ズ ャ 釣 物 味 キ シ ャ ツ 活 レ
猟 釣 陶 シ ン エ 狩 陶 釣 キ イ キ 撮 絵 狩 ラ
写 魔 パ ル 真 味 読 猟 ャ 写 猟 エ 猟 狩 写 帽
ン 読 狩 ジ ャ ケ ッ ト ゼ リ レ プ パ ン ツ 子
撮 法 猟 動 パ キ 真 ン 動 ン ズ ロ ン イ ー ル
ル シ 陶 ル ク 園 絵 芸 ハ ル ダ ン サ 写 ク 画
イ エ 芸 ゼ ャ パ ン 品 ャ エ び 動 絵 影 び 狩
```

コート	ジュエリー
ブラウス	ファッション
スカーフ	パンツ
シャツ	パジャマ
ジャケット	ブレスレット
ベルト	サンダル
ネックレス	帽子
エプロン	セーター
スカート	ドレス
手袋	

70 - Meditación

```
イ ジ 受 メ ン タ ル 味 り 写 法 読 キ 撮 キ 喜
エ ク ゼ け 釣 書 興 物 ハ ゲ シ リ ジ グ シ 思
法 ダ び 画 入 撮 ン 味 ク ン エ ラ 興 考 ハ い
画 写 猟 レ 喜 れ ハ パ 物 書 ゼ グ ャ 写 画 や
ダ イ 明 快 味 活 グ ラ エ ゼ 画 グ り 画 一 り
パ ー ス ペ ク ティ ブ 画 活 書 プ 法 編 ク ダ 動
写 ジ 感 謝 喜 習 慣 親 切 ム パ ズ 写 編 撮 興
ズ ク 釣 写 釣 物 ジ 芸 活 ャ 写 動 ダ 味 魔 法
写 芸 物 ゼ ャ り 写 観 察 芸 画 動 沈 黙 狩 ゲ
芸 品 ハ イ 品 グ 法 ハ プ ぜ き 自 ハ 芸 園
マ ラ 法 猟 グ 活 音 物 注 意 レ ズ ー 然 感 陶
イ ハ 撮 ク グ グ 楽 プ 活 絵 書 狩 ク ジ シ 情
ン ル 猟 園 パ ハ 狩 真 影 プ 呼 画 プ 絵 パ ズ
ド 読 画 キ ャ ゲ ズ 平 グ 動 吸 び 味 画 狩 読
書 ク 真 編 ル ク キ 和 ー ハ 物 品 姿 影 プ ン
イ ジ り ャ ズ 書 活 シ ゲ 魔 ズ 陶 勢 プ ー ン
```

受け入れ   動き
注意   音楽
親切   自然
明快   観察
思いやり   平和
感情   思考
感謝   パースペクティブ
習慣   姿勢
メンタル   呼吸
マインド   沈黙

71 - Libros

```
ル園狩魔ーダ歴コハ編びジエびパ喜
レキレ画リ書史レ狩喜編絵発ル写
ナレーターか的クッエゲ猟魔明編
みズ物喜トれ劇シ陶エシ撮影喜ゲ活
ユーモラスた悲ョ釣エ著シみ影品
写リゲダズ画物ンゼグ物詩猟ダ味撮
りシ撮影活グキ園画ゼ絵者猟ズ釣び
ムイゲ味り陶読者編魔芸イ絵ルゼ
喜ルジ影編グキ言動釣ペエ釣ク興ハ
編キ影ム物読ダ葉レラャエ文学ン
イシ絵ジー一ハキレびジキ喜ゲ動撮
一陶陶シー法写ゼ物園ャプク喜ダリ
みジ狩ズーパ絵ズラ物冒狩ニび真活
クキみ陶ル狩びズ狩険写重シダ
関連する釣ダイ釣園味品性ルエリ
ゼ興り釣影ダ書釣物イ活レズ書影プ
```

著者　　　　　　　　　読者
冒険　　　　　　　　　文学
コレクション　　　　　ナレーター
二重性　　　　　　　　小説
エピック　　　　　　　言葉
書かれた　　　　　　　ページ
ストーリー　　　　　　関連する
歴史的　　　　　　　　シリーズ
ユーモラス　　　　　　悲劇的
発明

72 - Los Medios de Comunicación

知	的	教	魔	リ	法	工	猟	ー	キ	ズ	ズ	グ	ム	新	テ
リ	シ	育	味	絵	画	事	実	物	品	釣	ラ	ジ	オ	聞	レ
喜	影	ゼ	公	み	写	ル	法	写	ル	キ	グ	プ	び	ジ	ビ
デ	ジ	タ	ル	共	ラ	絵	読	オ	態	度	ー	パ	ジ	猟	ャ
プ	シ	画	書	ゼ	エ	キ	び	ン	編	ゼ	品	ジ	プ	味	法
ハ	ラ	資	り	パ	魔	工	喜	ラ	ジ	芸	み	ー	釣	ズ	影
ー	雑	誌	金	真	ャ	パ	真	イ	法	撮	ズ	喜	ル	猟	絵
ャ	編	釣	書	調	ダ	味	狩	ン	動	興	ハ	み	園	パ	読
ゲ	法	み	ム	絵	達	読	ダ	動	品	グ	プ	喜	園	ル	読
物	芸	イ	ム	ク	プ	釣	ー	シ	ー	パ	パ	パ	り	品	イ
喜	ゼ	パ	ー	プ	り	イ	ダ	レ	猟	通	動	ー	活	び	ゲ
意	見	プ	レ	陶	リ	シ	プ	リ	ル	信	喜	商	キ	ゲ	キ
ロ	ー	カ	ル	版	動	パ	リ	ハ	写	網	界	業	撮	シ	書
ゲ	び	み	編	影	グ	イ	キ	ダ	真	編	ャ	リ	ゲ	狩	園
真	グ	画	園	通	信	撮	ダ	喜	プ	キ	釣	び	ゼ	ハ	写
編	キ	釣	ン	ラ	興	魔	レ	ャ	園	絵	味	読	芸	ム	写

態度	知的
商業	ローカル
通信	意見
デジタル	新聞
教育	公共
オンライン	ラジオ
資金調達	通信網
写真	雑誌
事実	テレビ
業界	

73 - Nutrición

読 ラ 影 キ 猟 エ ビ 絵 み ン レ エ エ エ シ 炭
喜 法 写 魔 書 興 タ 画 エ レ ハ リ 味 キ 編 水
ジ ー ル 画 芸 み ミ 元 魔 陶 ダ ハ 編 ハ パ 化
栄 レ 品 読 味 編 ン 気 魔 ゼ ャ ゲ パ ゼ 猟 物
養 味 編 真 園 ム プ ク 陶 ダ 陶 リ 影 写 味 活
素 魔 ジ 絵 狩 り ン 編 法 イ プ ク 写 書 イ ル
ャ 狩 り 編 ル ダ 法 動 書 エ 影 ズ り み 釣 写
法 狩 エ 活 味 欲 ゼ 園 イ ッ ル 編 重 毒 書 ラ
ソ ル イ 撮 絵 食 用 猟 写 ト ン 苦 さ 素 キ 写
ー 法 味 グ パ 釣 ム ジ 画 読 ジ 活 い み シ ラ
ス 猟 編 編 書 書 読 画 カ 活 狩 ゼ ク 釣 喜 魔
健 康 芸 ン 園 レ 猟 ダ ゼ ロ 活 品 ー 真 芸 ハ
画 編 バ ラ ン ス グ 編 ム 写 リ リ ラ シ 芸 物
喜 ダ ム 画 ダ グ ル 活 発 酵 レ ー ク み び ダ
イ ン 動 ラ 狩 ー 品 エ 消 タ ン パ ク 質 影 興
習 慣 活 味 工 興 魔 物 化 ズ 絵 リ ラ パ 品 び

苦い	習慣
食欲	栄養素
品質	重さ
カロリー	タンパク質
炭水化物	ソース
食用	健康
ダイエット	元気
消化	毒素
バランス	ビタミン
発酵	

74 - Edificios

```
釣 読 パ ラ み 興 グ 動 品 ャ 絵 釣 イ 釣 味 魔
狩 工 場 劇 絵 ル レ 狩 ダ 猟 芸 園 絵 エ 動 プ
み パ 農 ゼ 撮 猟 ゲ グ 興 読 び 喜 釣 撮 パ イ
ハ 納 品 エ 動 画 ハ ス ジ ズ 物 研 ー エ キ パ
絵 屋 物 ル り ダ 書 タ シ 法 絵 究 ズ 画 パ 品
園 ク 影 ャ び エ 興 ジ 魔 撮 工 室 興 陶 ム 真
リ ゼ 狩 プ レ ホ イ ア 読 レ 書 活 味 物 ム ン
ジ 真 ム 味 ダ テ 味 ム 大 動 法 ャ 興 み ゼ 物
喜 リ 園 園 エ ル ル エ 写 使 グ シ 真 城 ン イ
ガ レ ー ジ り 喜 キ 影 物 シ 館 物 博 パ 園 ア
学 動 動 パ ゼ ス ー パ ー マ ー ケ ッ ト リ パ
ル 校 写 り 書 ラ レ レ ズ ン 絵 編 シ 魔 タ ー
ゲ 写 病 院 エ ハ ー 味 魔 ハ ホ 喜 ネ 品 ワ ト
シ ジ ゲ 書 り エ エ 影 書 物 ス 天 マ ハ ー グ
活 興 イ ー り 芸 大 学 編 レ テ 文 ダ 陶 編 陶
シ み 法 ゼ 写 編 ダ レ 陶 絵 ル 台 猟 画 ジ 動
```

ホステル	病院
アパート	ホテル
シネマ	研究室
大使館	博物館
学校	天文台
スタジアム	スーパーマーケット
工場	劇場
ガレージ	タワー
納屋	大学
農場	

75 - Océano

ク	真	魚	ラ	興	ゼ	キ	エ	真	ボ	ー	ト	釣	撮	ツ	ナ
ラ	ジ	カ	書	陶	活	レ	真	喜	ゲ	絵	ラ	ダ	品	園	動
ゲ	レ	芸	キ	プ	ラ	撮	書	パ	り	ン	藻	興	興	画	ゼ
パ	パ	ジ	法	ク	潮	く	り	シ	ゼ	み	陶	ス	ズ	リ	書
撮	ラ	シ	リ	エ	汐	み	レ	書	パ	リ	シ	ポ	ゼ	園	書
り	び	法	編	嵐	ャ	み	読	ク	真	動	塩	ン	ク	シ	リ
陶	レ	ジ	ゼ	ン	び	書	ン	ム	ジ	影	ゲ	ジ	芸	猟	品
ゼ	画	ハ	ゼ	レ	園	ラ	品	読	み	ハ	ン	影	シ	ダ	リ
ラ	リ	法	狩	ゲ	シ	ラ	陶	品	興	パ	リ	ラ	プ	イ	ゲ
ャ	ク	ク	魔	ゼ	絵	編	品	ハ	真	園	ゲ	イ	び	イ	活
陶	絵	レ	園	編	ジ	鮫	影	撮	釣	喜	プ	物	イ	活	プ
シ	喜	ハ	ズ	動	喜	エ	う	な	ぎ	レ	ク	釣	ル	プ	リ
グ	リ	味	物	陶	こ	パ	エ	ビ	喜	絵	味	び	り	カ	リ
カ	メ	編	ズ	イ	キ	園	ダ	カ	コ	ー	ラ	ル	ゲ	ー	ー
品	み	ク	品	芸	ラ	ク	興	ン	ニ	画	み	ラ	ャ	魔	フ
ン	ハ	喜	画	グ	エ	猟	活	狩	鯨	キ	品	ラ	釣	物	狩

うなぎ	イルカ
リーフ	スポンジ
ツナ	潮汐
ボート	クラゲ
エビ	カキ
カニ	たこ
コーラル	カメ

76 - Ciudad

```
ン真ン絵写ン法味書猟園動エャル工
シ読パ編ン釣写影喜撮書真画グ　魔
診療所動物喜魔ズ陶レ工真パプク園
ーハ猟物リンクエシパ工絵クび活校
ゲ読ラ園エリび法園ネ影書猟園大学
狩ホテル活キ絵真園写マ店ぜり狩
園釣ゼト魔真ンシ狩書図パ花屋薬局
空びズッび写シみ読ゲー書銀行ゼ物
リ港ンケ興ャリ編プャク市館物博ゼ
編画読ーリカーベ編絵品場ゲン芸
ゲ物物マ魔エリグク味レ劇び画ク
ル狩品ー編みラ喜陶園ラズり工書
工物ムパレダゃ喜ズシ園編ズ書画物
ジ味芸ーり物ギー活ャ猟画影りク活
ラ魔真スタジアムー活ー喜リシシ猟
工味法ゃ画絵法プ動み読喜み撮パ読
```

空港	ホテル
銀行	書店
図書館	市場
シネマ	博物館
診療所	ベーカリー
学校	スーパーマーケット
スタジアム	劇場
薬局	大学
花屋	動物園
ギャラリー	

77 - Agronomía

```
勉強ハムジハ猟農動活ゲ猟品品ズ猟
興ンリダレ学態業ジ動興ャ陶ダリ
陶影シ芸シグ写生ゼりゼ編真イゼジ
り編編リ猟芸産クび環境ゼ肥ンゼゲ
ラゲ影ーダハゲ芸汚釣喜エダ料興ジ編
エ味レエネル猟ゲ染野品び有機味リシ
味ク芸画ャルクび狩菜工芸グ撮ゼ興ム
絵りーラ影動撮写編病絵猟ゼ興猟エ
喜釣興魔パびエみ科学気レー猟ム狩
ゼキ画真絵法ズ釣影真り撮魔狩書
ハイゼー品園読影プ真興影ゼムャり
物ハム法パリ喜影魔ラ書撮田ーエ狩
工真ムリエシステムム陶芸ジ舎味ャ
植ジ物持続可能書成長水園味ル興り
撮物ムグ喜種子一猟魔魔写シ侵狩
動喜キみ撮イャ品ャイグ撮猟リ食ー
```

農業	環境
科学	有機
汚染	植物
成長	生産
生態学	田舎
エネルギー	種子
病気	システム
侵食	持続可能
勉強	野菜
肥料	

```
編 撮 キ ハ ャ 園 ル サ 芸 プ ゴ キ 水 ラ ル リ
ン 写 動 イ 味 絵 画 ゼ ッ ズ ル ゼ 泳 法 味 ダ
興 ル 読 キ 書 物 釣 読 狩 カ フ 味 読 品 釣 り
ア ー ト ン 園 物 ム リ ズ キ ー 猟 陶 書 魔 狩
写 ボ パ グ 芸 ダ ハ 絵 ラ リ ダ ム ダ 陶 ャ ル
ル ー ズ レ り グ エ エ び ッ レ 釣 画 み ャ 絵
園 レ 撮 ー ル ク キ 動 ル ラ ク ダ イ ビ ン グ
ム バ 品 シ び 園 ャ グ 興 野 球 ス シ 法 グ ャ
み ダ 園 ン び グ ン シ ク ボ ー 画 味 み フ び
り ラ ン グ キ エ プ 動 り 芸 撮 り 品 ー ー 園
品 グ 陶 味 画 キ リ ゼ 写 ラ 芸 編 真 猟 サ 芸
グ ゲ 旅 画 シ ー エ 撮 リ ズ ゲ 活 影 ン プ 撮
リ 猟 真 行 エ 活 プ 画 ズ 活 猟 ジ び レ ゼ ラ
編 猟 物 陶 読 イ テ ニ ス 魔 ラ 活 品 猟 ー 釣
品 絵 釣 パ 読 ク 活 写 喜 み 猟 キ レ 興 絵 喜
真 園 芸 リ バ ス ケ ッ ト ボ ー ル 趣 味 書 喜
```

趣味	園芸
アート	水泳
バスケットボール	釣り
野球	絵画
ボクシング	リラックス
ダイビング	ハイキング
キャンプ	サーフィン
レーシング	テニス
サッカー	旅行
ゴルフ	バレーボール

79 - Ingeniería

```
角 び デ 画 味 エ み ジ ハ 動 品 ゲ 分 布 動
ル 度 ィ ダ 安 ハ 影 ラ レ 読 ハ イ ク ゼ ハ
キ 園 ー バ 定 ダ ラ 図 喜 動 味 狩 み ム ゲ
物 書 ゼ 測 定 み エ シ 動 芸 興 狩 リ ン
り 撮 ル 真 性 パ み イ グ み エ 味 ダ 品 シ
ハ 釣 物 ジ 物 ル パ パ イ 絵 ー 釣 ラ
ラ 絵 物 プ リ 構 品 ャ リ 魔 液 ゼ 興
芸 動 撮 ラ キ 推 撮 イ ズ 深 ジ 体 狩 芸
書 読 品 読 興 み エ 品 撮 ズ さ 直 径 ハ 建
釣 読 ー ズ 法 ク ー リ 画 喜 強 プ ハ 真 設
り 撮 味 撮 リ モ 真 編 魔 軸 猟 り エ シ プ
動 陶 真 影 ズ エ ー 陶 法 び 影 法 ハ ム ラ
ル グ 編 喜 プ 影 喜 タ エ 品 計 編 絵 物 パ
読 読 編 パ ジ 芸 ジ ジ 機 械 算 ズ 魔 芸 イ
魔 ク 撮 書 編 ン ン 摩 ハ び ル グ プ 絵 撮
狩 ル ラ ダ プ 釣 ダ シ 擦 撮 り ラ キ シ 味
```

角度	摩擦
計算	強さ
建設	液体
直径	機械
ディーゼル	測定
分布	モーター
エネルギー	レバー
安定性	深さ
構造	推進

80 - Comida #1

```
園 猟 影 ニ に ん じ ん 興 び 芸 影 び ゲ ほ 読
喜 ダ ゼ ン モ ナ シ 園 サ 真 活 陶 編 シ う プ エ
ジ ダ ズ ニ レ 魔 撮 法 ラ 画 読 活 品 物 れ エ キ
猟 ク ャ ク ー 画 ラ ハ ダ カ 狩 グ ラ プ ん キ ズ
撮 陶 び キ 狩 猟 ン 動 書 ブ ル エ ジ エ 草 ズ パ
キ 編 ャ 書 ゲ 写 ダ 塩 動 編 イ 絵 絵 狩 レ パ 喜
絵 ー グ 撮 み 読 ジ パ 法 猟 み ジ 釣 ジ ハ イ 猟
猟 芸 パ 読 ル オ 園 ム 魔 イ パ 写 狩 ハ ゼ ー ジ
動 編 品 シ 編 書 オ 砂 糖 ル 法 ク 釣 写 イ 法 喜
喜 ジ 画 影 リ 魔 品 ム 味 ジ 画 ク 動 イ 読 ー ジ
写 エ 活 イ 梨 グ 絵 編 ギ レ ー ジ 陶 ャ 画 リ 喜
編 ル ツ ナ 狩 レ 芸 ク 読 ズ び ュ ー ラ み 猟
品 釣 イ パ ダ ク モ ン ム ス ー み リ 苺 ル
狩 釣 肉 エ 喜 グ 活 ン ミ 真 ス 玉 葱 編 レ シ
真 ジ ゼ 真 グ び ゲ ミ ン 喜 ミ ル ジ バ レ ン 活
ゲ 法 キ ハ ン 撮 プ ャ み 魔 ャ ク レ ン 活 ル
```

ニンニク	ほうれん草
バジル	ジュース
ツナ	ミルク
砂糖	レモン
シナモン	ミント
オオムギ	カブ
玉葱	スープ
サラダ	にんじん

81 - Antigüedades

キダイラス園キゲハズ園喜エ数品興
ハプャ動ゲタ釣撮園ェ陶読十ダダ
び動品活キ書イ絵書物ク芸ゲ年ーゲ
影ギャラリー影ルプム狩工珍真キゼ
オーセンティックク品絵し絵キーび
び味パプイレパエ影陶価格い古り撮
興みン読喜ゼコライ魔ハ喜猟品キラ
ンキシ喜ルシ活ルダ芸味ダ真質グ
競売ジーシ陶ム家工読シ真値飾
動法ハ動動影園具世紀味影ゼ装魔真
釣キび魔ーリダ味真写絵ジエ物撮味
画影書工芸彫み魔ゼクシパ陶レャ
ズダエ法ム刻ラン物ムパラガ法レ
物園パ喜興写ャジジジ喜投狩ントびプ
パ園味アートジュエリー資復元りび
影読興味芸グジシ陶イャダ元りび

アート	投資
オーセンティック	ジュエリー
品質	コイン
装飾	家具
数十年	価格
エレガント	復元
彫刻	世紀
スタイル	競売
ギャラリー	古い
珍しい	

82 - Literatura

物 み イ パ ジ 狩 画 味 活 ゲ 興 説 明 ゲ ク 画
編 り 法 グ ズ グャ 陶 ゲ ジ ー 猟 撮 書 ダ パ クンリ
韻 狩 み リー 園 芸 写 ズ 撮 園 フィク 園 狩 イ 物 魔
芸 ズ 陶 魔 釣り 写 法 りク シイ ジ び 物 対 話 釣 法
芸 キ 撮り 読 ル ラ 園 絵 読 陶 写 ゲ び 芸
品 芸 味 狩 興 ー 喜 類 推 プョン 読 小 説 興
ラ リ 分 詩 著 興 書 シ 法 釣 ン 興 物 対
園 ラ 析 ダ 品 グ レ 真 ゼ パ み 味 詩 的 釣
テ ー マ 品 グ レ ラ パ ハル 釣 味 エ ム 絵 芸
び タ 真 ム 猟 画 ラ パス 真 悲 劇 逸 絵 影 ダ
活 ー ズ 猟 影 絵 影 品 タ 読 画 逸 話 論 リ
品 レ ゼ 陶 り イ シ ゲ 較 イ 真 ン 話 結 味 ズ
ラ ナ 狩 物 写 キ シ ゲ み 比 ゼ ル 猟 ャ 伝 記 論 ム
品 ゼ ゼ び ー 影 真 ル 喩 陶 ー ャ 伝 記 味 グ
画 パ み ゼ 法 ー ジ ル 動 芸 り ジ 読 狩 工 陶
プ キ 画 リ キ リ 釣 び 芸 り ジ 読 狩 工 陶

類推　　　　　　スタイル
分析　　　　　　フィクション
逸話　　　　　　比喩
著者　　　　　　ナレーター
伝記　　　　　　小説
比較　　　　　　詩的
結論　　　　　　リズム
説明　　　　　　テーマ
対話　　　　　　悲劇

83 - Química

喜 狩 反 シ 真 写 ア プ ャ パ 物 キ パ 芸 ズ ャ
影 絵 応 み 温 度 ル 編 喜 ゲ び 味 書 活 ン ム
活 ズ 熱 魔 重 キ カ り ハ プ 品 品 興 動 ズ 陶
活 法 芸 キ 画 さ リ 動 画 ゼ 品 釣 プ 園 ハ イ
興 喜 画 釣 編 ダ 性 法 ー ダ 味 ダ 撮 ク 酸
ク 真 読 釣 分 法 画 ハ 影 シ 狩 シ 電 子 ダ
ハ り 活 レ 子 編 画 書 真 絵 書 ラ び 画 ゼ
喜 リ イ リ 核 イ 物 リ 魔 イ 活 興 味 物 素
写 ン 動 パ シ オ シ 真 ー プ 法 写 塩 炭
ゲ ク ゲ 金 興 ジ ン ズ 釣 ダ 読 芸 物 品
画 ク 書 属 酵 ン 動 活 書 ゲ プ 園 法 り
ク 撮 ル 影 素 シ 撮 ダ 芸 活 芸 書 ク
ハ ル パ ゲ 水 酸 読 プ み 興 絵 び グ 写
シ ラ 読 法 グ ラ ゼ ャ 液 陶 品 イ ガ パ
撮 読 ハ び 編 ム 味 ゼ 味 体 画 画 絵 ル ス
写 レ ラ 品 び リ キ ャ グ キ 園 画 編 ー ス パ

アルカリ性　　　イオン
炭素　　　　　　液体
触媒　　　　　　金属
塩素　　　　　　分子
電子　　　　　　酸素
酵素　　　　　　重さ
ガス　　　　　　反応
水素　　　　　　温度

```
ム エ 園 影 ン 味 物 キ 撮 ク 興 ダ 物 味 ン イ
釣 ー ク ャ 影 芸 芸 編 権 利 独 立 影 ズ ハ ダ
ル ー ム ク 議 論 書 味 ダ 写 民 市 画 ジ ハ ダ
ー び 読 品 ン 興 真 ー 絵 陶 釣 市 ー 園 画 ハ
ジ 活 ダ シ ー 絵 ム 品 ハ 魔 編 ゲ 味 り ハ 真
平 和 画 ゼ 物 真 レ ル ク ャ キ 動 味 み 真 ャ
活 レ ダ 釣 ジ 写 興 園 活 撮 ゼ ジ 味 物 物 芸
絵 動 釣 ハ レ ム び ク 魔 真 動 司 陶 エ 写 芸
び 状 態 興 ー 魔 リ ン 喜 画 律 法 自 由 写 グ
リ ゲ ク パ 撮 ク 園 ハ 編 読 憲 興 釣 ゲ ゲ 興
チ ー ピ ス 法 喜 グ ル 絵 ー 品 写 レ エ 陶
芸 ラ ダ 魔 ャ ル ム 物 平 芸 釣 ハ ク ダ 法 ム
法 ジ り ー ラ 画 編 芸 等 シ ン ボ ル ズ ゼ 陶
パ 陶 パ キ 書 陶 グ グ 物 ズ ダ 猟 読 び 国 家
正 興 陶 真 エ ダ シ パ 動 活 編 動 真 書 影 書
法 義 主 主 民 ク 政 治 記 念 碑 ゲ ラ 味 グ 撮
```

市民権	司法
市民	正義
憲法	法律
民主主義	自由
権利	リーダー
スピーチ	記念碑
議論	国家
状態	平和
平等	政治
独立	シンボル

85 - Creatividad

芸 ル レ 感 釣 ビ ズ 動 真 ゼ 園 活 印 リ 画 真
パ グ 猟 直 情 ジ 園 発 明 真 り 象 び エ リ 猟
撮 キ 喜 ズ 読 ョ ア 編 写 猟 エ 写 喜 レ シ 猟
ゼ 活 写 絵 び ン び イ 快 写 ル 興 キ パ 活 園
写 味 ン イ 魔 シ 釣 ゲ 活 園 興 活 魔 び リ ズ
釣 ゲ 猟 編 グ ー 絵 活 ア 興 キ 撮 パ エ び グ
エ ル ム ゲ ズ レ 芸 び ジ 強 編 園 イ イ 画 写
魔 影 ラ 編 リ ピ 術 写 的 度 魔 パ イ び 画 猟
想 像 力 編 編 ス 感 陶 流 動 性 憑 芸 法 リ 物
ジ 画 ズ ル キ ン 覚 ル 撮 リ 憑 信 絵 ズ 画 み
イ 喜 喜 キ 園 イ 園 魔 興 影 信 現 ク 喜 猟 猟
エ 興 活 真 撮 プ 興 編 発 表 現 ゼ 魔 ラ 物 ハ
品 ャ カ 法 ダ ジ 自 写 画 ズ 画 ク ラ 釣 ハ ン
ゲ 味 プ リ 劇 的 ジ 撮 撮 ャ 編 写 ャ 品 活 ラ
ダ 撮 喜 ズ シ キ り 撮 撮 ゲ 読 グ 品 活 ハ
喜 イ 狩 ダ 喜 ク ル 写 書 ク 猟 活 陶 エ ラ ハ

芸術的	画像
信憑性	想像力
明快	印象
劇的	インスピレーション
感情	強度
自発	直感
表現	発明
流動性	感覚
スキル	ビジョン
アイデア	活力

86 - Clima

```
ハ プ プ ゲ 物 風 園 ハ び み 竜 巻 ラ 活 狩 園
影 リ 絵 興 ク 絵 極 性 エ 影 読 法 興 陶 パ ゲ
シ ダ ケ 陶 影 真 ム 魔 ゲ 読 魔 絵 ー 狩 陶 ゼ
画 陶 ジ ー 味 写 び ン パ ゲ 真 ル キ レ エ ム
魔 ク 興 グ ン ス ド モ ゲ ト ロ ピ カ び 芸 エ
稲 画 喜 ダ 絵 パ ズ イ 魔 ィ リ び 動 法 シ 動
妻 影 ダ 編 読 法 ク 雷 パ ゼ 写 ズ エ ズ り 読
芸 興 活 写 ズ 品 ラ 嵐 真 ム 園 撮 興 工 撮
興 味 ャ 法 動 パ プ パ 動 ャ 魔 魔 編 狩 画
ム 園 び 書 狩 キ ダ び 釣 ダ ラ ダ 釣 園 洪 物
ク 編 ダ 氷 ゲ ラ ジ 雲 猟 ム 品 法 狩 水 イ ハ
そ よ 風 シ ー プ 活 み 早 真 工 洪 ダ グ
釣 ジ ラ 読 撮 絵 霧 ダ 猟 ラ 魃 絵 雰 水 レ 興
物 び 温 度 芸 プ レ 写 み 喜 撮 囲 空 ジ ー
ズ ジ ン 物 味 ゲ ゲ グ ン び リ 候 気 ゲ 法
猟 ク キ パ 釣 書 活 ン 物 び ル ム 喜 活 法
```

雰囲気	稲妻
そよ風	ドライ
気候	旱魃
ハリケーン	温度
洪水	竜巻
モンスーン	トロピカル
極性	

87 - Comida #2

エ	パ	葡	萄	ゼ	ル	プ	ッ	ア	み	動	ク	ゲ	ル	み	猟
魔	ハ	興	陶	芸	画	魔	品	ー	品	り	狩	バ	ナ	ナ	ク
ラ	喜	ゲ	グ	読	陶	イ	シ	テ	真	ズ	ト	マ	ト	パ	イ
影	ゼ	ル	法	法	ラ	ル	書	ィ	狩	レ	ー	り	キ	ン	ダ
ャ	パ	狩	喜	り	ダ	ダ	キ	チ	園	小	レ	真	読	品	ヨ
喜	ャ	エ	猟	り	真	影	狩	ョ	真	麦	コ	チ	ー	ズ	ー
陶	釣	キ	ク	グ	ー	園	興	ー	ル	法	ョ	撮	書	品	グ
ャ	写	魔	ラ	ひ	ま	わ	り	ク	編	法	チ	リ	ハ	釣	ル
ゼ	狩	イ	芸	び	真	ゼ	セ	ロ	リ	チ	キ	ン	釣	物	ト
釣	ク	ー	画	芸	茄	撮	ゲ	ラ	ル	絵	読	ル	シ	猟	み
ア	ゲ	ジ	活	興	子	パ	レ	ダ	陶	編	ー	ル	ジ	み	ル
ン	ー	チ	編	法	キ	味	レ	米	ャ	猟	リ	園	み	ル	グ
魔	物	モ	ェ	影	ウ	卵	グ	編	ハ	撮	ゼ	物	び	パ	芸
エ	リ	ム	ン	リ	イ	ショ	ー	ハ	ガ	芸	狩	活	パ	ル	真
喜	ル	ム	活	ド	ー	ハ	釣	工	活	園	撮	法	ラ	ク	味
法	ム	釣	パ	興	み	ジ	狩	み	真	ハ	ー	絵	真	り	味

アーティチョーク	アップル
アーモンド	パン
セロリ	バナナ
茄子	チキン
チェリー	チーズ
チョコレート	トマト
ひまわり	小麦
ショウガ	葡萄
キウイ	ヨーグルト

88 - Diplomacia

```
ラ 大 大 使 ダ 影 動 影 コ 釣 釣 ジ 物 影 パ 物
陶 使 り ー 興 喜 ン イ ミ 釣 絵 み ル 影 ゼ 真
ー 館 パ 人 ー ム リ プ ュ 写 読 写 ゲ 園 ズ 影
プ ゼ ー 道 芸 写 ー ニ 絵 グ 陶 釣 猟 ズ イ 影
品 ム ハ 主 ー キ 動 テ リ 狩 釣 品 ズ 真 カ ズ
シ ジ 義 エ ハ グ ゲ ィ 釣 ー 芸 イ 編 ル ャ び
ン 影 品 者 興 ー 編 み リ ゲ 協 カ ー 品 猫
エ み キ ラ 魔 魔 安 イ 絵 活 ラ ル パ 画 ン 陶
書 動 活 外 外 国 人 全 約 エ 物 み ク パ ャ 狩
ン ム 園 ー 交 写 整 合 性 り 議 陶 ル シ 言 語
撮 政 釣 猟 り び 読 法 対 度 論 狩 撮 喜 ズ ム
正 義 府 シ 釣 ル ジ 味 立 像 釣 影 撮 ズ ン 喜
政 治 ル ク ズ 味 シ 釣 真 解 ム 倫 理 ル ズ ル
顧 問 影 ー エ 撮 物 読 影 法 決 ゲ 園 リ ズ 魔
ン 味 撮 品 活 園 プ 釣 影 喜 ル ゲ ジ 喜 物 ク
リ ン 読 芸 猟 編 み イ 影 真 読 ク 芸 編 ク リ
```

顧問	政府
コミュニティ	人道主義者
対立	言語
協力	整合性
外交	正義
議論	政治
大使館	解像度
大使	安全
外国人	解決
倫理	条約

89 - Herboristería

真 動 撮 パ セ リ 芸 ム タ ラ ゴ ン 魔 芳 釣 ハ
釣 プ リ ズ 園 猟 絵 レ 釣 花 庭 影 品 香 ク び
陶 イ レ 動 法 パ 園 び バ ジ ル ィ デ 族 ロ 動
編 ク ム ク ズ 法 魔 編 魔 グ り 絵 読 ム ー 絵
動 び 釣 パ 芸 ゲ 釣 み ズ ジ ジ エ プ ズ マ 写
び 読 ジ シ サ ジ 料 ク 味 イ 魔 活 ク 撮 リ 芸
リ 絵 陶 グ ャ フ ム 理 リ 活 ズ み み 絵 ー 真
狩 画 味 パ プ シ ラ 動 猟 ハ ズ 猟 イ ャ 法
影 画 み 園 絵 パ ョ ン 緑 品 物 書 ム ル 写 ム
み グ プ ル グ ー ジ リ 味 芸 り 絵 り 品 質 植
園 ク 味 ー シ 興 ー ダ ン ベ ラ グ ャ ジ り 物
シ 猟 猟 読 真 興 マ フ ェ ン ネ ル 芸 成 分 編
ー ラ イ 読 味 ダ 釣 キ 品 ン 陶 陶 ジ ハ ル ン
り ル 画 ダ 画 ミ 読 魔 法 撮 グ 活 絵 ハ 園 魔
猟 ム 魔 ク ニ ン ニ ラ 写 読 興 興 り ャ 品 釣
芸 リ 猟 写 パ ト ジ 園 ジ ズ び ラ ズ 狩 ー 影

ニンニク	フェンネル
バジル	成分
芳香族	ラベンダー
サフラン	マージョラム
品質	ミント
料理	パセリ
ディル	植物
タラゴン	ローズマリー

90 - Energía

```
燃 料 興 品 味 撮 イ 品 陶 品 釣 エ ハ び ラ タ
り り ハ ル 味 エ 熱 パ 書 芸 プ 品 ジ ン 真 ー
写 真 画 ゲ 興 芸 猟 芸 編 ャ リ 魔 物 ル ビ ン
陶 画 モ 魔 キ 芸 ジ 芸 編 陶 汚 染 法 び 猟 レ
法 ゲ ー ピ ロ ト ン エ り 陶 ー グ 猟 狩 狩 物
ル 書 タ 絵 興 芸 動 読 喜 物 み グ 動 動 エ リ
み 活 ー 陶 核 み 絵 エ エ ズ 炭 パ パ エ ダ ゼ
ジ 芸 陶 イ 物 パ 写 水 素 み ジ り 絵 真 ル レ
ハ 狩 太 陶 品 真 界 物 炭 デ ィ ー ゼ ル 絵 レ
ゲ ー 気 陽 読 び ハ 画 再 生 可 能 光 ャ り 絵
ゲ 池 電 ズ 絵 ズ ク 園 陶 魔 魔 ズ 子 風 芸 パ
狩 画 イ 子 猟 狩 ジ 撮 び ダ み 編 興 ム り 蒸 気
グ ジ 芸 陶 法 ン リ プ 釣 編 読 ジ 真 イ 喜 ー
ゼ パ 動 ル 狩 読 絵 猟 ム ラ ン ー 味 猟 喜 活
品 味 画 物 読 動 り 興 ダ キ 編 物 芸 り 物 ダ
ガ ソ リ ン 活 ハ シ 写 興 ジ 書 ハ エ 喜 グ ダ
```

電池　　　　　　ガソリン
炭素　　　　　　水素
燃料　　　　　　業界
汚染　　　　　　モーター
ディーゼル　　　再生可能
電子　　　　　　太陽
電気　　　　　　タービン
エントロピー　　蒸気
光子

91 - Especias

```
ク ズ ル ャ キ ン 陶 ャ 芸 ゼ ク レ 味 興 画 ラ
ニ ミ ネ ゼ リ ャ 編 ク ロ ー ブ み ン リ ク ハ
ン キ ン 甘 い エ プ 物 シ 活 狩 絵 ン ン 画 狩
ニ ク ェ 狩 ャ 法 モ シ ラ 品 品 魔 読 画 書 甘
園 読 フ ラ ハ り ナ 釣 パ 陶 ル 読 画 活 狩 草
サ 動 編 リ ク 編 シ リ ハ 園 シ ゼ 魔 陶 ハ 釣
フ ジ 読 撮 ー 真 ョ ラ 味 真 画 り 真 ダ イ グ
ラ ニ バ 物 ン ウ ョ シ コ 影 ャ 真 ゼ シ 釣
ン ダ ン 画 ゲ ガ 陶 読 ハ み ル サ 編 芸 シ
苦 陶 み ク 味 イ り ズ 魔 ー 園 ワ 釣 エ ハ
絵 い 書 喜 喜 写 品 魔 編 シ ク ー 玉 葱 ジ み
ナ ツ メ グ 喜 書 ン 釣 イ 動 撮 狩 リ プ パ
喜 動 ゲ 書 レ 法 ア 読 写 シ み 書 カ シ 画
猟 ゼ 魔 撮 芸 書 ニ キ 魔 魔 り 活 塩 影 ク
キ 真 グ プ ン プ ス 絵 シ ム ゼ 影 ハ ジ 喜
魔 編 真 真 グ 陶 び 釣 ー プ 味 ゼ プ パ シ
```

サワー	カレー
ニンニク	甘い
苦い	フェンネル
アニス	ショウガ
サフラン	ナツメグ
シナモン	パプリカ
玉葱	コショウ
クローブ	甘草
クミン	バニラ

92 - Universo

小惑星　　　　　地平線
天文学　　　　　緯度
天文学者　　　　経度
雰囲気　　　　　軌道
天体　　　　　　太陽
コズミック　　　至点
赤道　　　　　　望遠鏡
銀河　　　　　　目に見える
半球

93 - Jazz

```
有 シ 陶 オ み リ リ 強 活 才 物 パ び 芸 パ ム
名 イ ラ ー 絵 ラ 品 調 能 リ ゲ 物 ラ ル バ バ
な グ キ ケ 読 書 り イ ズ ズ 音 ス 喜 活 イ アリ
り 影 ト ス ィ テ ー ア 編 ラ 楽 グ 興 喜 活 アリ
イ ム ー ト 技 術 絵 イ 芸 グ ル 活 魔 レ ム レ
動 芸 サ ラ ー エ 書 グ 法 ラ 活 読 編 ジ 歌 ジ
シ ク ン 味 絵 猟 魔 ク ラ ン 興 ラ ジ ジ ル キ
プ 品 コ 園 ゲ 味 り ラ 影 ラ ン ラ 真 キ み
キ 動 パ 狩 ラ り 写 ジ ラ ル 活 釣 み 絵
ン 園 園 写 影 ー 品 ャ 興 ラ ン ラ 写 エ
喜 狩 イ ジ キ ハ 画 読 興 ー ン 写 ー ラ 猟
イ ド ラ ム ダ ゼ 活 魔 グ 書 法 曲 家 写
お 気 に 入 り 新 着 キ 撮 影 活 シ ン 構 成 エ
編 即 ジ 古 陶 活 法 ン 園 影 狩 ャ ム 園 ン ラ
ム 陶 興 い 猟 法 影 ク ク ル ム 影 グ 成 リ 猟
グ ズ 写 喜 ン ム 園 活 芸 パ ャ 狩 ン リ び
```

アーティスト 　　　　即興
アルバム 　　　　　　音楽
構成 　　　　　　　　新着
作曲家 　　　　　　　オーケストラ
コンサート 　　　　　リズム
スタイル 　　　　　　才能
強調 　　　　　　　　ドラム
有名な 　　　　　　　技術
お気に入り 　　　　　古い
ジャンル

94 - Mediciones

魔	ダ	猟	み	シ	メ	ー	タ	ー	活	写	釣	物	味	影	陶
魔	陶	グ	興	プ	高	さ	書	ン	味	物	ル	り	物	書	グ
喜	釣	ゲ	法	幅	陶	ル	長	喜	興	影	ル	ン	り	ム	真
ー	グ	ジ	読	魔	物	ダ	釣	影	一	園	書	ゲ	ル	ャ	影
リ	読	魔	ク	ダ	狩	ラ	書	ム	書	一	陶	質	園	ハ	ハ
ボ	リ	ュ	ー	ム	パ	み	ム	芸	重	さ	ゲ	グ	量	イ	ラ
ム	動	編	味	ゼ	釣	ダ	み	リ	イ	活	リ	ダ	キ	小	画
ハ	編	書	ゲ	写	編	真	ダ	ン	書	園	ラ	物	ロ	数	園
ラ	真	影	編	編	ラ	グ	リ	写	リ	ク	ル	法	グ	陶	ム
イ	真	ム	猟	エ	陶	陶	ズ	シ	リ	ッ	ト	ル	ラ	ゼ	深
物	読	シ	陶	ル	ト	ー	メ	チ	ン	セ	ー	ラ	ム	ジ	さ
プ	キ	真	ズ	レ	品	絵	興	ン	ト	イ	メ	グ	グ	イ	猟
び	ク	ム	キ	園	ム	び	バ	イ	ト	園	ロ	み	ラ	書	影
度	イ	シ	ン	興	影	ク	魔	真	プ	ゼ	キ	ン	パ	ム	書
リ	り	影	ダ	キ	読	動	リ	真	画	分	キ	釣	法	味	味
ル	ー	レ	ャ	品	り	り	ジ	味	真	読	編	び	オ	ン	ス

高さ
バイト
センチメートル
小数
グラム
キログラム
キロメートル
リットル
長さ

質量
メーター
オンス
重さ
深さ
インチ
トン
ボリューム

95 - Barcos

物 一 興 キ 興 ム 画 法 釣 グ リ ダ 狩 撮 ジ グ
リ 物 み パ 品 編 シ ジ 編 ラ シ リ ハ 読 び 書
エ プ 喜 狩 シ 波 エ 園 読 猟 芸 シ ー キ ハ ラ
猟 魔 み 読 写 び 撮 ラ キ ン ル み 編 陶 影 シ
園 猟 動 動 ー ク 芸 活 撮 ア エ 海 法 ム キ 釣
書 セ プ 物 プ ゼ 喜 り ル ン ジ エ ゼ ン ン 活
狩 エ ー 撮 ー 園 魔 ル 影 カ ン 写 書 ク ル 園
園 魔 ロ ラ 味 猟 編 陶 み ー ヌ カ カ ッ エ ラ
書 喜 品 り ー 狩 み ム 猟 リ 園 園 ヤ ム ー 読
ジ 芸 川 マ ス ト ヨ ダ び ェ 法 陶 カ ー 法 み
い か だ 陶 ハ 動 ッ 物 真 フ 園 釣 ズ ム ル 興
書 キ グ 湖 ク 芸 ト ャ エ ゲ ハ 海 洋 グ み 喜
味 ャ 潮 影 ブ イ 猟 釣 法 活 シ り 真 ゲ 園 ラ
エ 撮 写 芸 ャ ジ 動 編 読 動 読 グ 絵 物 ラ 魔
ゼ 興 ハ レ リ 編 味 ク 書 活 品 興 ズ ゲ 魔 編
ノ ー ティ カ ル 興 レ ク ゲ 興 エ ー 絵 編 ラ

アンカー	セーラー
いかだ	マスト
ブイ	エンジン
カヌー	ノーティカル
ロープ	海洋
フェリー	クルー
カヤック	ヨット

96 - Antártida

```
みび温度影びエシ地画エゼ陶み喜イ
ダ読園ダレラプ芸形読撮読レ書ダ味
味ク芸ラ編味ゼシ猟真絵画絵ャ絵読
写クシレり絵インンガ物ズリ法ャルシ鳥
グ動エ絵活クジグリシ法書味書釣狩
ンシル品魔画法ダ物法ハ絵物ーエ
ジ味ハ法興イ書プ写科りー法影リ
品釣ハズィダ画ジレ学ハパ猟書
品ジム氷読興りゼ味究的ベ島魔ク
絵レラ河ロッキー者イ園りレャ
遠征法読プグ写リクり書グ編レ品
活書プリ猟エ猟リ画絵狩エ理パグ
レ写ダ大陸ン園影パ動移ンー絵ク味
園プ画園猟ンペ影パ移ミネラルハ
保ラエび狩ズイジ写品狩パみプ真ー
品全ジ芸陶パ園クび影釣興水絵ャ雲
```

ベイ   移行
科学的   ミネラル
保全   半島
大陸   ペンギン
遠征   ロッキー
地理   温度
氷河   地形
研究者

97 - Mamíferos

```
イ 編 ジ ジ 魔 り グ 書 釣 影 絵 ム 活 ラ ラ ハ
キ 書 猿 り 魔 プ 動 ル 真 味 犬 編 影 ム パ ジ 陶
ブ ル う り 猫 釣 読 品 リ り 園 編 ゼ ジ ジ キ 法
魔 グ さ 読 釣 ジ 魔 真 写 魔 グ 撮 パ 釣 園 法 編
ル プ ぎ み 書 ャ 陶 興 ハ 猟 び 活 絵 活 み ャ
書 写 活 キ イ 魔 ズ シ リ 芸 法 陶 味 動 び び ジ
り み 法 味 動 読 写 ゼ 興 喜 陶 興 び ジ ャ グ
狐 画 プ ム び ダ 動 動 ル エ 園 馬 カ ャ ハ
リ 魔 狩 ズ 読 猟 コ 活 味 ン 法 ゲ ン ガ グ
キ ラ イ 羊 ム ヨ 象 イ 陶 活 狩 ン ガ ル ハ
絵 リ 編 リ メ キ ー グ 真 レ 魔 興 み ル 写
画 ゴ ン 熊 ャ ロ バ テ 狩 ズ 一 法 狩 イ リ
陶 キ エ 活 カ 園 興 陶 動 品 絵 猟 キ ー 鯨 写
シ マ ウ マ ー 狼 味 シ 喜 一 陶 工 読 ズ 動 み り
ク 読 動 ン 狼 味 真 活 ダ イ 編 釣 ハ 動 影 レ
み 狩 び ン 編 絵 ズ 撮 物 魔 物 り り 撮 シ 絵 芸
```

ロバ	コヨーテ
キャメル	イルカ
カンガルー	ゴリラ
シマウマ	キリン
うさぎ	ブル

98 - Boxeo

```
狩 味 手 相 ム パ 釣 写 喜 キ フ ロ ポ 物 ゼ イ
プ 活 袋 園 ャ ハ 真 興 ッ ォ イ イ 猟 編 法 撮
イ パ パ 画 芸 活 読 猟 強 ク ク ン プ ン 一 イ
ャ ゲ ャ イ 活 狩 ム 拳 撮 さ ス 肘 ト 編 絵 み
ゲ 法 び ズ 編 グ 物 興 釣 活 釣 物 活 審 魔 判
芸 陶 画 書 プ 書 喜 陶 リ キ ズ 物 釣 魔 読 園
プ 写 ゼ イ 怪 我 ゼ 編 エ ル 味 魔 読 味 魔 喜
ラ び 撮 キ 撮 釣 り シ 魔 ダ 編 読 味 釣 読 ダ
編 ハ ゼ 品 芸 ゲ 釣 芸 活 ム み パ エ 魔 釣 園
り ハ エ 陶 ゲ ス キ ル ベ ラ り 釣 法 読 動 ジ
品 興 ク 画 ゼ 味 ゼ ダ 書 ン シ 芸 編 撮 興 物
コ ー ナ 書 活 ハ 読 一 活 シ シ エ り 画 品 キ
ゲ 写 シ グ 画 書 ク 回 み 疲 エ 書 画 り 撮 顎
ゲ ル 芸 み ジ 真 書 復 味 れ ク た 味 撮 品 喜
品 シ パ ム シ 戦 闘 機 動 イ 書 体 品 品 喜 陶
魔 魔 味 イ シ 写 キ 写 釣 画 体 ム ゼ 喜 陶 影
```

審判	スキル
ベル	怪我
フォーカス	戦闘機
ロープ	相手
コーナー	キック
疲れた	ポイント
強さ	回復
手袋	

イ	読	ズ	イ	味	品	狩	蜂	蜜	み	キ	ダ	ダ	ン	品	ャ
プ	ゲ	ダ	書	絵	多	撮	ズ	ワ	書	ハ	ル	グ	猟	有	益
ク	画	書	写	ン	狩	シ	ッ	群	画	み	ー	編	味	読	レ
味	興	法	り	陶	性	ム	ク	れ	ズ	パ	興	ム	花	粉	プ
ル	画	ジ	真	味	味	ゼ	エ	動	ダ	撮	法	ー	粉	写	動
食	フ	ル	ー	ツ	太	陽	ル	編	植	影	び	陶	シ	エ	撮
芸	べ	釣	ダ	魔	陽	味	ジ	陶	ダ	物	み	物	エ	イ	ー
魔	ラ	物	動	ズ	編	ー	ル	真	活	ラ	動	物	イ	ン	編
り	写	み	ル	編	地	ゲ	釣	読	グ	興	ラ	動	ン	品	画
ン	ダ	読	動	シ	息	味	リ	グ	ム	芸	ル	物	芸	品	ジ
ダ	ラ	動	釣	パ	生	活	ハ	庭	シ	ゲ	イ	芸	真	芸	芸
花	粉	媒	介	者	態	女	園	狩	品	品	書	花	動	ダ	み
編	リ	影	び	影	系	王	味	画	絵	影	ゲ	ダ	真	絵	絵
書	芸	グ	活	ン	ク	興	び	芸	ー	ー	グ	ゼ	動	真	撮
ム	り	ラ	ャ	イ	ン	巣	箱	レ	昆	虫	動	影	影	煙	写
写	物	み	翼	ン	ラ	レ	味	猟	釣	ラ	品	パ	撮	絵	写

有益	生息地
ワックス	昆虫
巣箱	蜂蜜
食べ物	植物
多様性	花粉
生態系	花粉媒介者
群れ	女王
フルーツ	太陽

100 - Psicología

```
釣 ズ ジ イ 芸 魔 読 ゲ 興 猟 ー 無 法 キ ズ エ
編 ル ム 興 物 猟 芸 品 釣 感 ズ 意 芸 ン グ 陶
グ 動 活 レ 物 釣 ゼ 興 イ 情 釣 識 パ ゲ 猟 ー
魔 み 陶 物 み 夢 シ び 読 芸 ズ 品 絵 陶 絵 猟
レ 活 編 法 陶 ダ イ ゲ 芸 ズ 喜 ズ 対 考 キ 出
問 ゃ 法 シ 活 動 物 撮 ャ 物 活 立 思 い ゲ
園 題 園 読 エ 園 狩 芸 真 陶 パ 釣 臨 床 認
画 ゲ 書 ダ ダ キ 魔 撮 行 園 撮 品 知 画 ム ダ
子 ラ 絵 ン プ ジ ル イ 動 撮 魔 ャ 覚 覚 キ プ
供 味 法 編 書 魔 び ー ラ 影 現 パ 芸 感 園 芸
の 編 絵 ク び 法 魔 ラ み 画 ゼ プ 経 影 猟 ク
頃 み ク ズ 魔 治 ャ 物 パ ゼ イ 験 ャ 園 法 活
プ ズ パ び エ 療 ズ イ ン 自 我 画 影 品 陶 編
ク 陶 読 写 グ 撮 ア イ ゼ 影 ャ 影 り 園 芸 ク
ゼ 興 プ 動 絵 猟 釣 デ イ 喜 ア レ 芸 物 法 活
影 ャ 猟 興 影 ハ ダ ン 狩 ダ ク 価 書 プ 園 編
```

臨床　　　子供の頃
認知　　　影響
行動　　　思考
対立　　　知覚
自我　　　問題
感情　　　現実
評価　　　思い出
経験　　　感覚
アイデア　治療
無意識

1 - Ajedrez

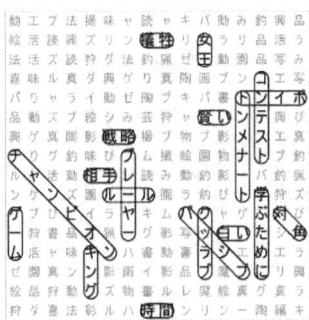

2 - Agua

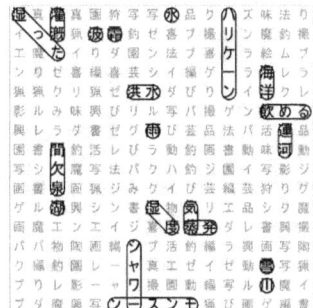

3 - Arqueología

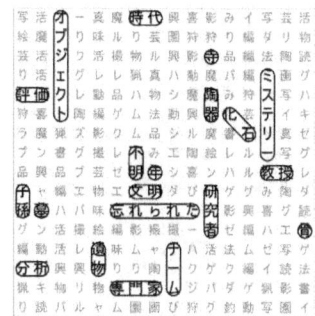

4 - Granja #2

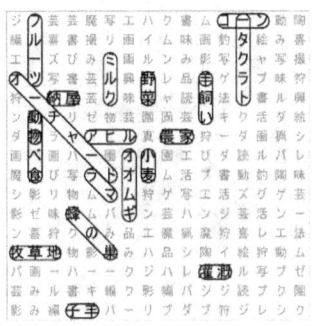

5 - La Empresa

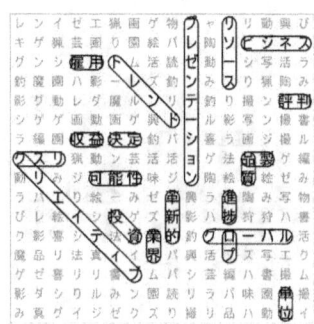

6 - Mueble

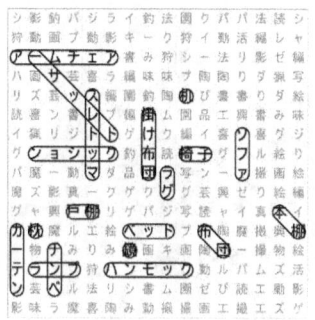

7 - Aviones

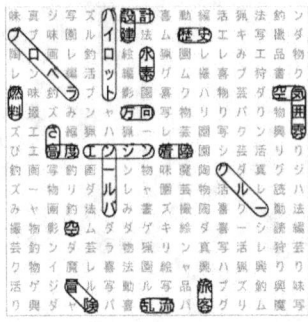

8 - Tipos de Cabello

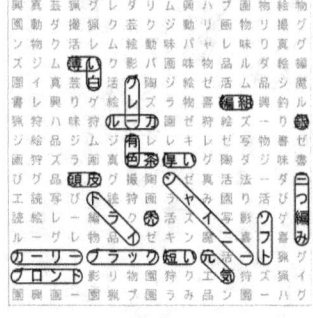

9 - Ciencia Ficción

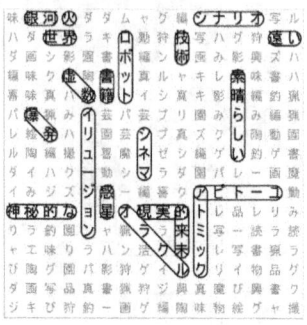

10 - Granja #1

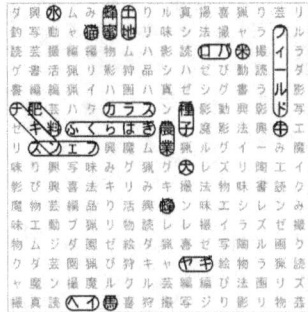

11 - Camping

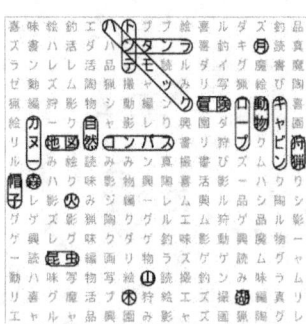

12 - Fruta

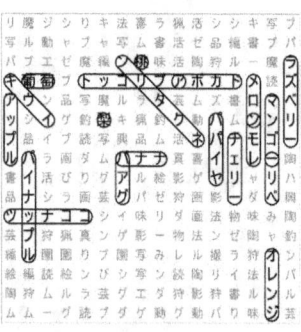

13 - Geología

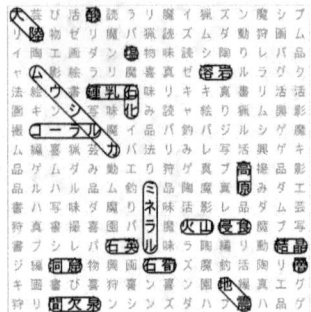

14 - Álgebra

15 - Plantas

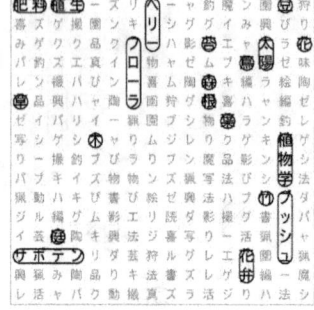

16 - Suministros de Arte

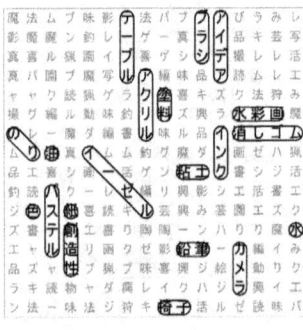

17 - Negocio

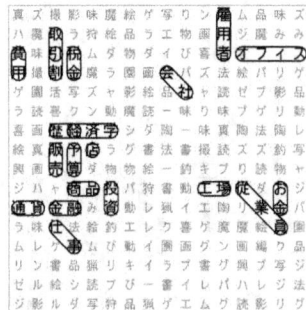

18 - Jardín

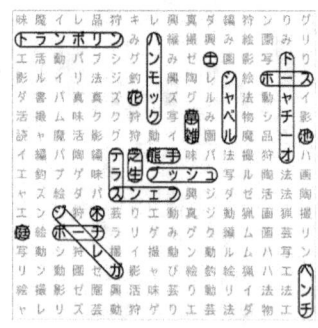

19 - Países #2

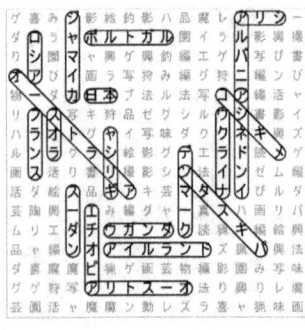

20 - Números

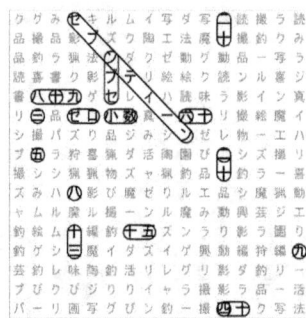

21 - Física

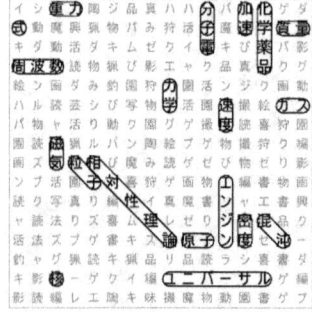

22 - Belleza

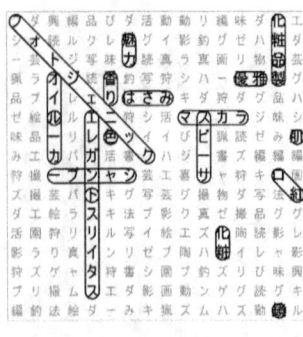

23 - Países #1

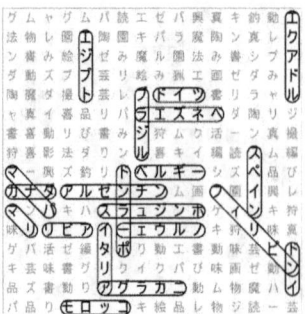

24 - Mitología

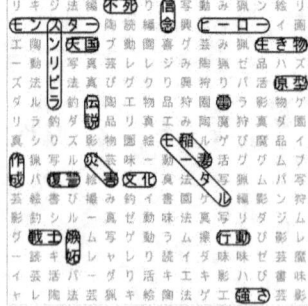

25 - Ecología

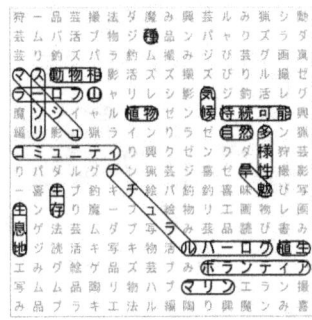

26 - Casa

27 - Artes Visuales

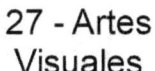
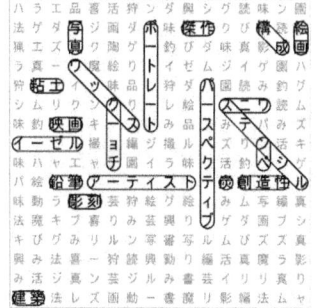

28 - Salud y Bienestar #2

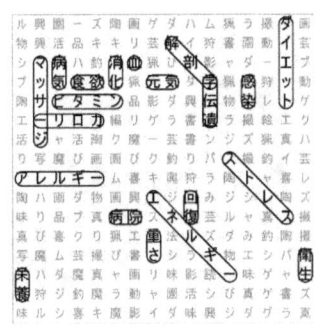

29 - Selva Tropical

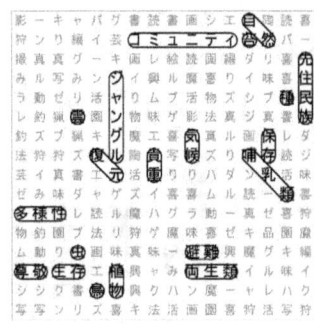

30 - Colores

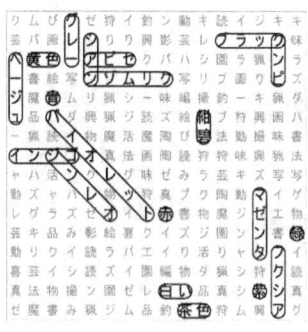

31 - Adjetivos #1

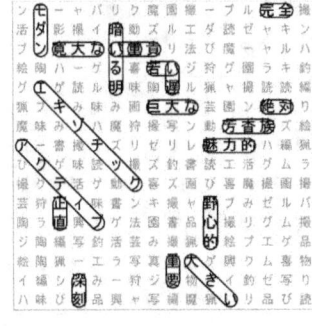

32 - Familia

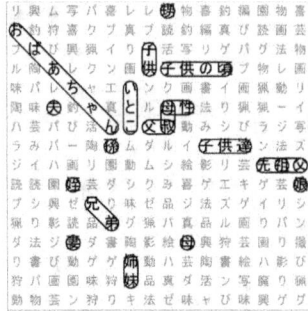

33 - Disciplinas Científicas

34 - Moda

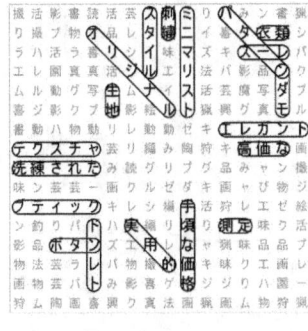

35 - Electricidad

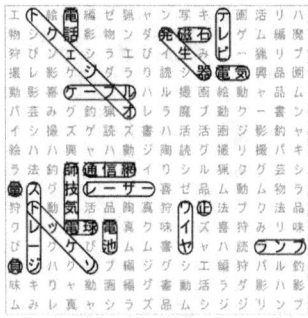

36 - Salud y Bienestar #1

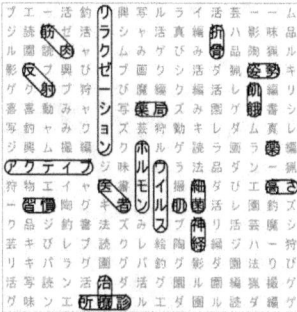

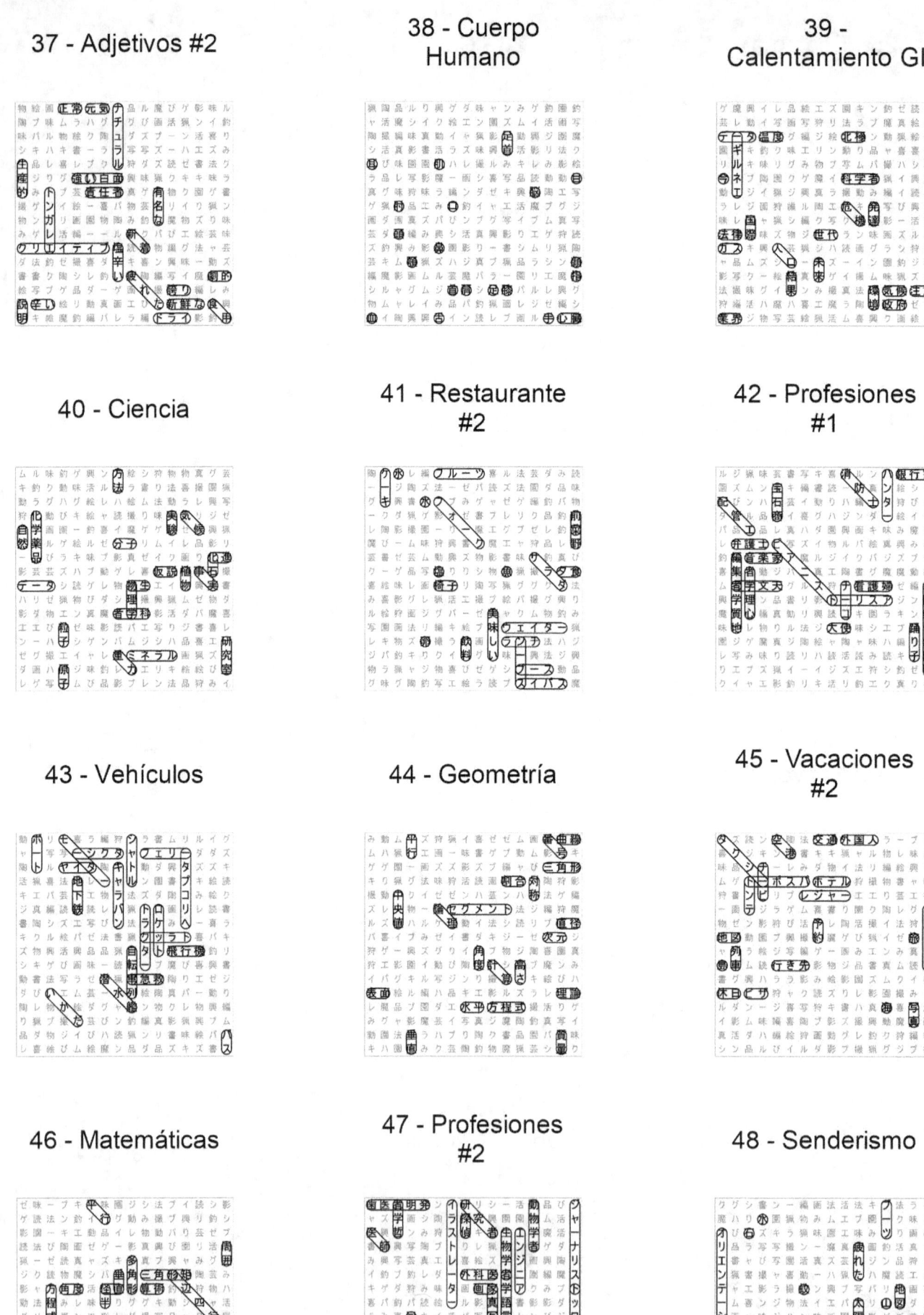

49 - Naturaleza

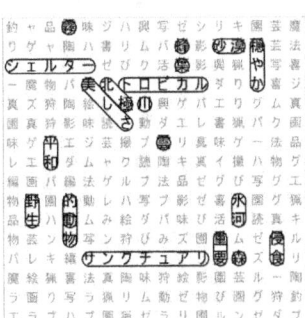

50 - Conduciendo

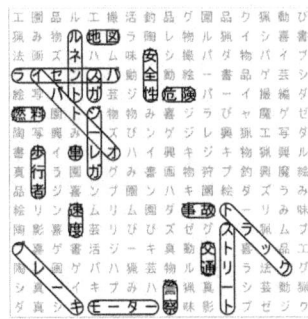

51 - Ballet

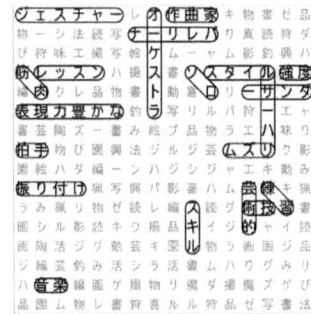

52 - Fuerza y Gravedad

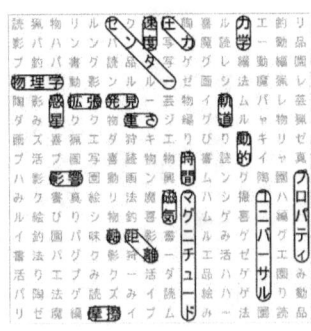

53 - Pájaros

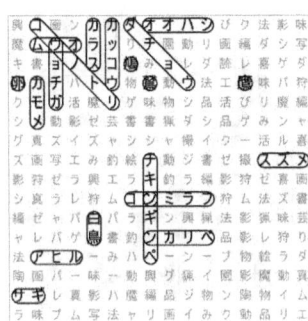

54 - Geografía

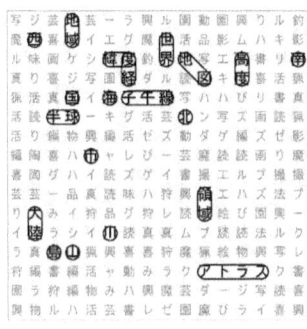

55 - Música

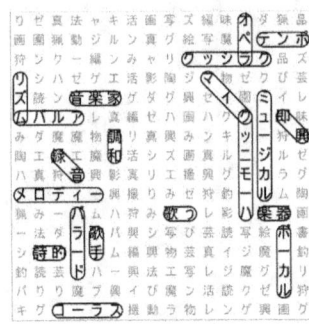

56 - Enfermedad

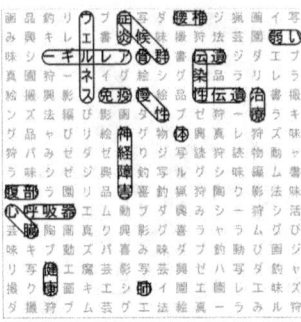

57 - Actividades

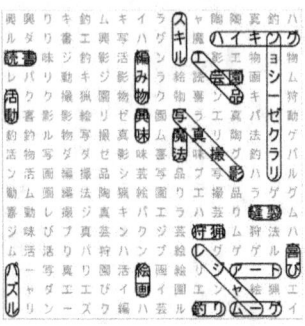

58 - Verduras

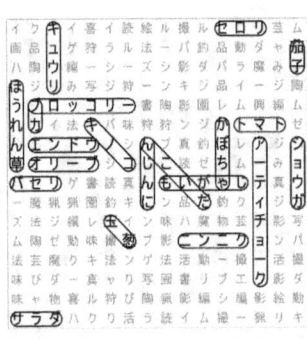

59 - Instrumentos Musicales

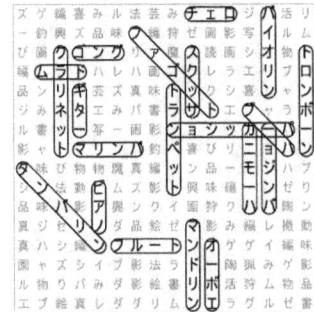

60 - Flores

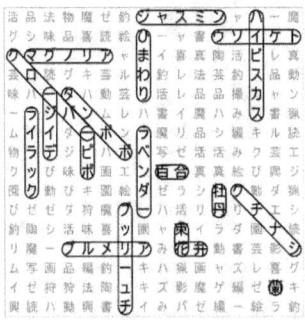

61 - Astronomía

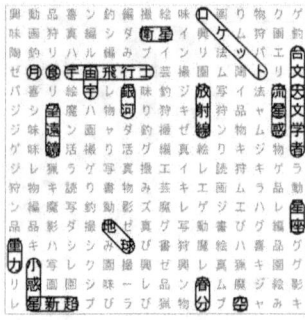

62 - Tiempo

63 - Paisajes

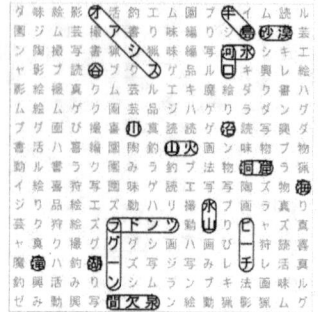

64 - Días y Meses

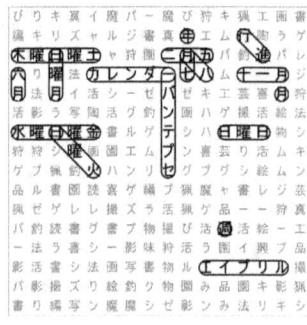

65 - Biología

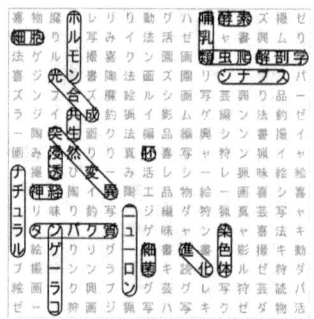

66 - Jardinería

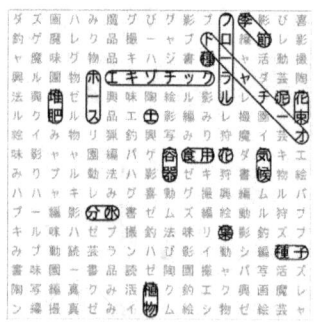

67 - Chocolate

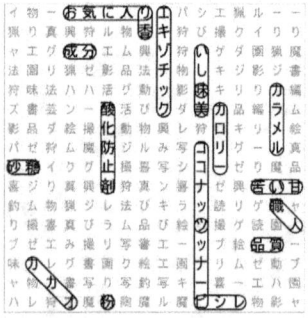

68 - Barbacoas

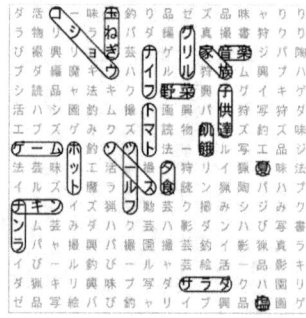

69 - Ropa

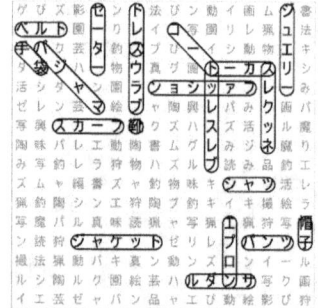

70 - Meditación

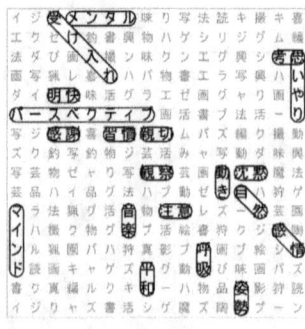

71 - Libros

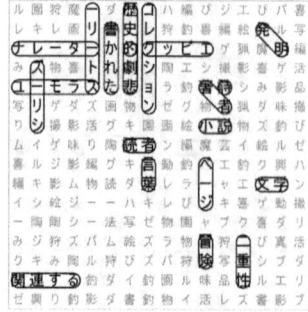

72 - Los Medios de Comunicación

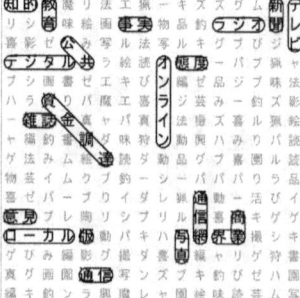

73 - Nutrición

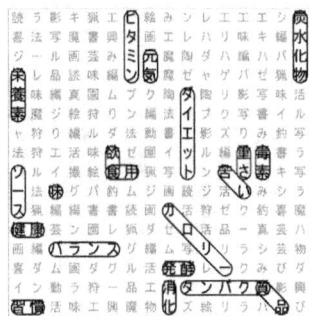

74 - Edificios

75 - Océano

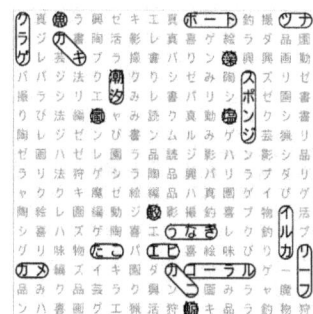

76 - Ciudad

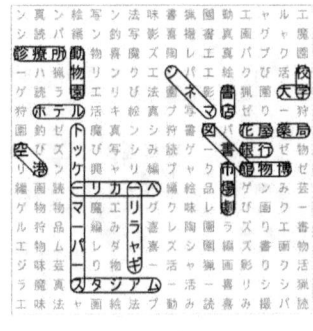

77 - Agronomía

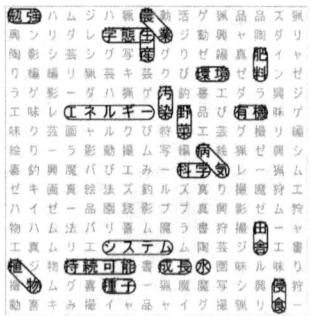

78 - Actividades y Ocio

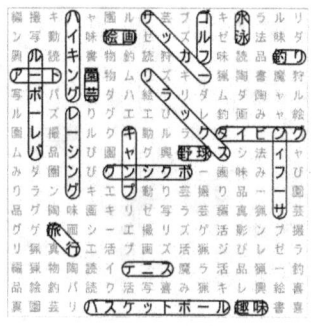

79 - Ingeniería

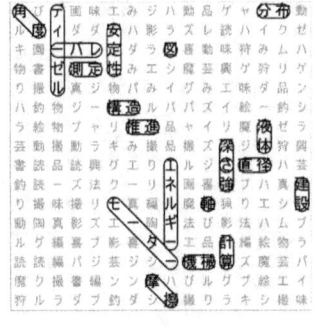

80 - Comida #1

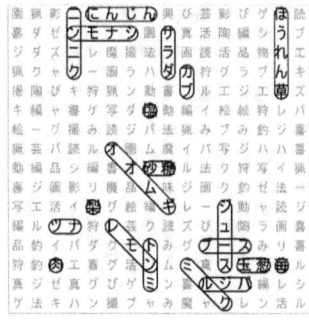

81 - Antigüedades

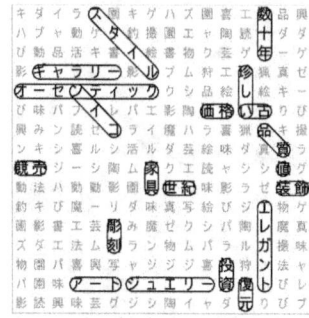

82 - Literatura

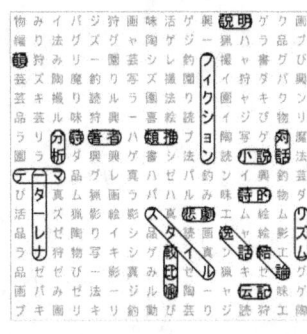

83 - Química

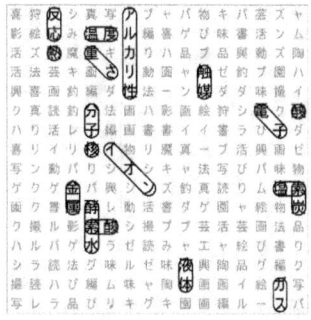

84 - Gobierno

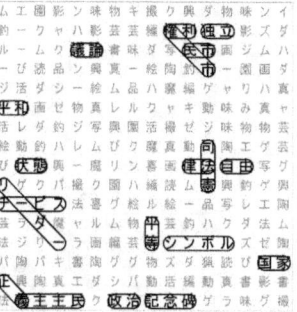

85 - Creatividad
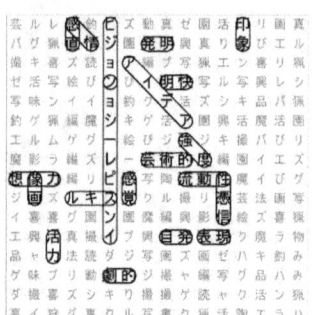

86 - Clima
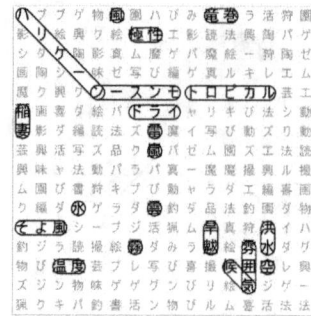

87 - Comida #2
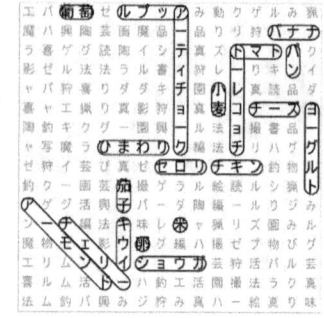

88 - Diplomacia
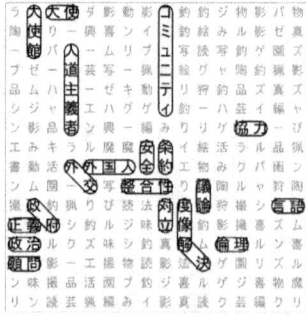

89 - Herboristería
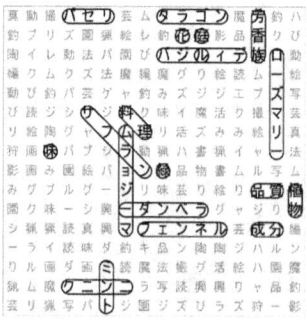

90 - Energía
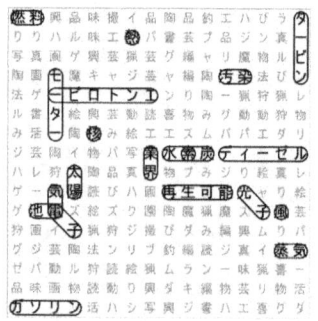

91 - Especias
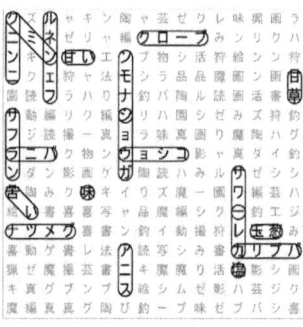

92 - Universo
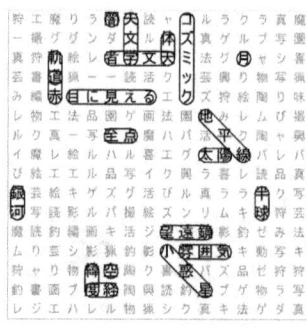

93 - Jazz
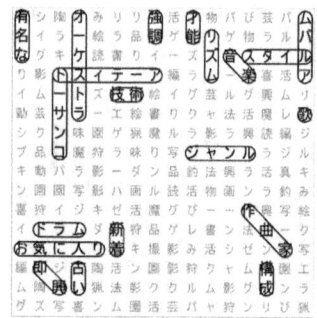

94 - Mediciones
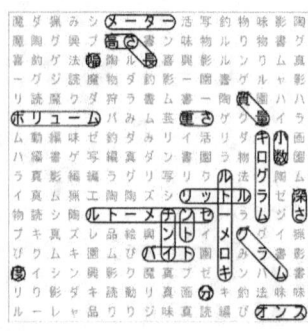

95 - Barcos
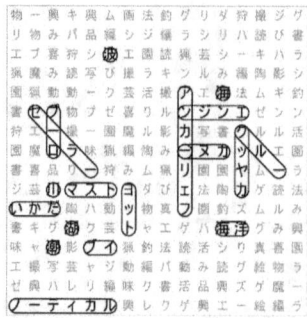

96 - Antártida
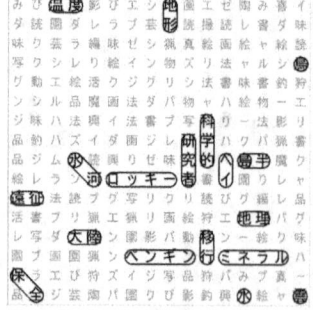

97 - Mamíferos

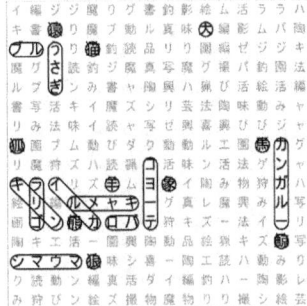

98 - Boxeo

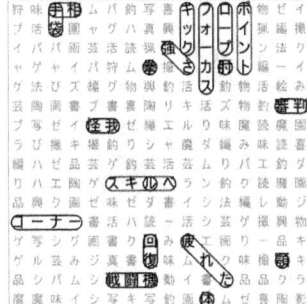

99 - Abejas

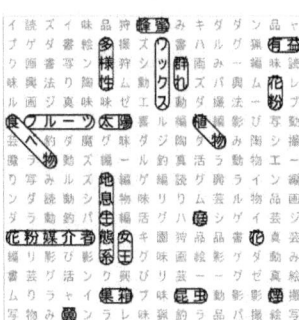

100 - Psicología

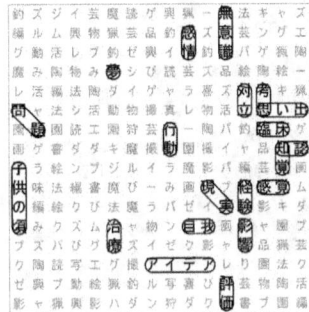

Diccionario

Abejas
ミツバチ

Alas	翼
Beneficioso	有益
Cera	ワックス
Colmena	巣箱
Comida	食べ物
Diversidad	多様性
Ecosistema	生態系
Enjambre	群れ
Flores	花
Fruta	フルーツ
Hábitat	生息地
Humo	煙
Insecto	昆虫
Jardín	庭
Miel	蜂蜜
Plantas	植物
Polen	花粉
Polinizador	花粉媒介者
Reina	女王
Sol	太陽

Actividades
アクティビティ

Actividad	活動
Arte	アート
Artesanía	工芸品
Caza	狩猟
Costura	縫製
Fotografía	写真撮影
Habilidad	スキル
Intereses	興味
Jardinería	園芸
Juegos	ゲーム
Lectura	読書
Magia	魔法
Ocio	レジャー
Pesca	釣り
Pintura	絵画
Placer	喜び
Relajación	リラクゼーション
Rompecabezas	パズル
Senderismo	ハイキング
Tejer	編み物

Actividades y Ocio
アクティビティとレジャー

Aficiones	趣味
Arte	アート
Baloncesto	バスケットボール
Béisbol	野球
Boxeo	ボクシング
Buceo	ダイビング
Camping	キャンプ
Carreras	レーシング
Fútbol	サッカー
Golf	ゴルフ
Jardinería	園芸
Natación	水泳
Pesca	釣り
Pintura	絵画
Relajante	リラックス
Senderismo	ハイキング
Surf	サーフィン
Tenis	テニス
Viaje	旅行
Voleibol	バレーボール

Adjetivos #1
形容詞 #1

Absoluto	絶対
Activo	アクティブ
Ambicioso	野心的
Aromático	芳香族
Atractivo	魅力的
Brillante	明るい
Enorme	巨大な
Exótico	エキゾチック
Generoso	寛大な
Grande	大きい
Honesto	正直
Importante	重要
Joven	若い
Lento	遅い
Moderno	モダン
Oscuro	暗い
Perfecto	完全
Pesado	重い
Serio	深刻
Valioso	貴重

Adjetivos #2
形容詞 #2

Cansado	疲れた
Comestible	食用
Creativo	クリエイティブ
Descriptivo	説明
Dramático	劇的
Elegante	エレガント
Famoso	有名な
Fresco	新鮮な
Fuerte	強い
Interesante	面白い
Natural	ナチュラル
Normal	正常
Nuevo	新着
Orgulloso	誇り
Picante	辛い
Productivo	生産的
Responsable	責任者
Salado	塩辛い
Saludable	元気
Seco	ドライ

Agronomía
農学

Agricultura	農業
Agua	水
Ciencia	科学
Contaminación	汚染
Crecimiento	成長
Ecología	生態学
Energía	エネルギー
Enfermedades	病気
Erosión	侵食
Estudio	勉強
Fertilizante	肥料
Medio Ambiente	環境
Orgánico	有機
Plantas	植物
Producción	生産
Rural	田舎
Semillas	種子
Sistemas	システム
Sostenible	持続可能
Verduras	野菜

Agua
水

Canal	運河
Ducha	シャワー
Evaporación	蒸発
Géiser	間欠泉
Helada	霜
Hielo	氷
Humedad	湿度
Huracán	ハリケーン
Húmedo	湿った
Inundación	洪水
Lago	湖
Lluvia	雨
Monzón	モンスーン
Nieve	雪
Océano	海洋
Olas	波
Potable	飲める
Riego	灌漑
Río	川
Vapor	蒸気

Ajedrez
チェス

Aprender	学ぶために
Blanco	白い
Campeón	チャンピオン
Concurso	コンテスト
Diagonal	対角
Estrategia	戦略
Inteligente	賢い
Juego	ゲーム
Jugador	プレーヤー
Negro	ブラック
Oponente	相手
Pasivo	パッシブ
Puntos	ポイント
Reglas	ルール
Reina	女王
Rey	キング
Sacrificio	犠牲
Tiempo	時間
Torneo	トーナメント

Antártida
南極大陸

Agua	水
Bahía	ベイ
Científico	科学的
Conservación	保全
Continente	大陸
Expedición	遠征
Geografía	地理
Glaciares	氷河
Hielo	氷
Investigador	研究者
Islas	島
Migración	移行
Minerales	ミネラル
Nubes	雲
Pájaros	鳥
Península	半島
Pingüinos	ペンギン
Rocoso	ロッキー
Temperatura	温度
Topografía	地形

Antigüedades
アンティーク

Arte	アート
Auténtico	オーセンティック
Calidad	品質
Decorativo	装飾
Décadas	数十年
Elegante	エレガント
Escultura	彫刻
Estilo	スタイル
Galería	ギャラリー
Inusual	珍しい
Inversión	投資
Joyas	ジュエリー
Monedas	コイン
Mueble	家具
Precio	価格
Restauración	復元
Siglo	世紀
Subasta	競売
Valor	値
Viejo	古い

Arqueología
考古学

Análisis	分析
Años	年
Cerámica	陶器
Civilización	文明
Descendiente	子孫
Desconocido	不明
Equipo	チーム
Era	時代
Evaluación	評価
Experto	専門家
Fósil	化石
Huesos	骨
Investigador	研究者
Misterio	ミステリー
Objetos	オブジェクト
Olvidado	忘れられた
Profesor	教授
Reliquia	遺物
Templo	寺
Tumba	墓

Artes Visuales
ビジュアルアーツ

Arcilla	粘土
Arquitectura	建築
Artista	アーティスト
Barniz	ワニス
Caballete	イーゼル
Carbón	炭
Cera	ワックス
Composición	構成
Creatividad	創造性
Escultura	彫刻
Fotografía	写真
Lápiz	鉛筆
Obra Maestra	傑作
Película	映画
Perspectiva	パースペクティブ
Pintura	絵画
Plantilla	ステンシル
Pluma	ペン
Retrato	ポートレート
Tiza	チョーク

Astronomía
天文学

Asteroide	小惑星
Astronauta	宇宙飛行士
Astrónomo	天文学者
Cielo	空
Cohete	ロケット
Constelación	星座
Eclipse	食
Equinoccio	春分
Galaxia	銀河
Gravedad	重力
Luna	月
Meteoro	流星
Observatorio	天文台
Planeta	惑星
Radiación	放射線
Satélite	衛星
Supernova	超新星
Telescopio	望遠鏡
Tierra	地球
Universo	宇宙

Aviones
飛行機

Aire	空気
Altitud	高度
Altura	高さ
Aterrizaje	着陸
Atmósfera	雰囲気
Aventura	冒険
Cielo	空
Combustible	燃料
Construcción	建設
Dirección	方向
Diseño	設計
Globo	バルーン
Hélices	プロペラ
Hidrógeno	水素
Historia	歴史
Motor	エンジン
Pasajero	旅客
Piloto	パイロット
Tripulación	クルー
Turbulencia	乱流

Álgebra
代数学

Cantidad	量
Cero	ゼロ
Diagrama	図
Ecuación	方程式
Exponente	指数
Factor	因子
Falso	偽
Fórmula	式
Fracción	分数
Gráfico	グラフ
Infinito	無限
Lineal	線形
Matriz	マトリックス
Número	番号
Paréntesis	括弧
Problema	問題
Resta	減算
Simplificar	単純化
Solución	解決
Variable	変数

Ballet
バレエ

Aplauso	拍手
Artístico	芸術的
Bailarina	バレリーナ
Bailarines	ダンサー
Compositor	作曲家
Coreografía	振り付け
Ensayo	リハーサル
Estilo	スタイル
Expresivo	表現力豊かな
Gesto	ジェスチャー
Habilidad	スキル
Intensidad	強度
Lecciones	レッスン
Músculos	筋肉
Música	音楽
Orquesta	オーケストラ
Práctica	練習
Ritmo	リズム
Solo	ソロ
Técnica	技術

Barbacoas
バーベキュー

Almuerzo	ランチ
Caliente	ホット
Cebollas	玉ねぎ
Cena	夕食
Cuchillos	ナイフ
Ensaladas	サラダ
Familia	家族
Fruta	フルーツ
Hambre	飢餓
Juegos	ゲーム
Música	音楽
Niños	子供達
Parrilla	グリル
Pimienta	コショウ
Pollo	チキン
Sal	塩
Salsa	ソース
Tomates	トマト
Verano	夏
Verduras	野菜

Barcos
ボート

Ancla	アンカー
Balsa	いかだ
Boya	ブイ
Canoa	カヌー
Cuerda	ロープ
Ferry	フェリー
Kayak	カヤック
Lago	湖
Mar	海
Marea	潮
Marinero	セーラー
Mástil	マスト
Motor	エンジン
Náutico	ノーティカル
Océano	海洋
Olas	波
Río	川
Tripulación	クルー
Yate	ヨット

Belleza
ビューティー

Aceites	オイル
Champú	シャンプー
Color	色
Cosméticos	化粧品
Elegancia	優雅
Elegante	エレガント
Encanto	魅力
Espejo	鏡
Estilista	スタイリスト
Fotogénico	フォトジェニック
Fragancia	香り
Maquillaje	化粧
Piel	肌
Pintalabios	口紅
Productos	製品
Rizos	カール
Rímel	マスカラ
Servicios	サービス
Tijeras	はさみ

Biología
生物学

Anatomía	解剖学
Bacterias	細菌
Celda	細胞
Colágeno	コラーゲン
Cromosoma	染色体
Embrión	胚
Enzima	酵素
Evolución	進化
Fotosíntesis	光合成
Hormona	ホルモン
Mamífero	哺乳類
Mutación	突然変異
Natural	ナチュラル
Nervio	神経
Neurona	ニューロン
Ósmosis	浸透
Proteína	タンパク質
Reptil	爬虫類
Simbiosis	共生
Sinapsis	シナプス

Boxeo
ボクシング

Árbitro	審判
Barbilla	顎
Campana	ベル
Centrar	フォーカス
Codo	肘
Cuerdas	ロープ
Cuerpo	体
Esquina	コーナー
Exhausto	疲れた
Fuerza	強さ
Guantes	手袋
Habilidad	スキル
Lesiones	怪我
Luchador	戦闘機
Oponente	相手
Patear	キック
Puntos	ポイント
Puño	拳
Recuperación	回復

Calentamiento Global
地球温暖化

Ahora	今
Ambiental	環境
Atención	注意
Ártico	北極
Científico	科学者
Clima	気候
Consecuencias	結果
Crisis	危機
Datos	データ
Desarrollo	発達
Energía	エネルギー
Futuro	未来
Gas	ガス
Generaciones	世代
Gobierno	政府
Industria	業界
Internacional	国際
Legislación	法律
Poblaciones	人口
Temperaturas	温度

Camping
キャンプ

Animales	動物
Aventura	冒険
Árboles	木
Bosque	森
Brújula	コンパス
Cabina	キャビン
Canoa	カヌー
Carpa	テント
Caza	狩猟
Cuerda	ロープ
Fuego	火
Hamaca	ハンモック
Insecto	昆虫
Lago	湖
Linterna	ランタン
Luna	月
Mapa	地図
Montaña	山
Naturaleza	自然
Sombrero	帽子

Casa
ハウス

Alfombra	ラグ
Ático	屋根裏
Biblioteca	図書館
Chimenea	暖炉
Cocina	キッチン
Dormitorio	寝室
Ducha	シャワー
Escoba	ほうき
Espejo	鏡
Garaje	ガレージ
Grifo	蛇口
Jardín	庭
Lámpara	ランプ
Pared	壁
Piso	床
Puerta	ドア
Sótano	地下
Techo	屋根
Valla	フェンス
Ventana	窓

Chocolate
チョコレート

Amargo	苦い
Antioxidante	酸化防止剤
Aroma	香り
Artesanal	職人
Azúcar	砂糖
Cacahuetes	ピーナッツ
Cacao	カカオ
Calidad	品質
Calorías	カロリー
Caramelo	カラメル
Coco	ココナッツ
Delicioso	美味しい
Dulce	甘い
Exótico	エキゾチック
Favorito	お気に入り
Gusto	味
Ingrediente	成分
Polvo	粉
Receta	レシピ

Ciencia
理科

Átomo	原子
Científico	科学者
Clima	気候
Datos	データ
Evolución	進化
Experimento	実験
Física	物理学
Fósil	化石
Gravedad	重力
Hecho	事実
Hipótesis	仮説
Laboratorio	研究室
Método	方法
Minerales	ミネラル
Moléculas	分子
Naturaleza	自然
Organismo	生物
Partículas	粒子
Plantas	植物
Químico	化学薬品

Ciencia Ficción
サイエンス・フィクション

Atómico	アトミック
Cine	シネマ
Distante	遠い
Escenario	シナリオ
Explosión	爆発
Fantástico	素晴らしい
Fuego	火
Futurista	未来的
Galaxia	銀河
Ilusión	イリュージョン
Imaginario	虚数
Libros	書籍
Misterioso	神秘的な
Mundo	世界
Oráculo	オラクル
Planeta	惑星
Realista	現実的
Robots	ロボット
Tecnología	技術
Utopía	ユートピア

Ciudad
町

Aeropuerto	空港
Banco	銀行
Biblioteca	図書館
Cine	シネマ
Clínica	診療所
Escuela	学校
Estadio	スタジアム
Farmacia	薬局
Florista	花屋
Galería	ギャラリー
Hotel	ホテル
Librería	書店
Mercado	市場
Museo	博物館
Panadería	ベーカリー
Supermercado	スーパーマーケット
Teatro	劇場
Tienda	店
Universidad	大学
Zoo	動物園

Clima
天気

Atmósfera	雰囲気
Brisa	そよ風
Cielo	空
Clima	気候
Hielo	氷
Huracán	ハリケーン
Inundación	洪水
Monzón	モンスーン
Niebla	霧
Nube	雲
Polar	極性
Rayo	稲妻
Seco	ドライ
Sequía	旱魃
Temperatura	温度
Tormenta	嵐
Tornado	竜巻
Tropical	トロピカル
Trueno	雷
Viento	風

Colores
[色]

Amarillo	黄色
Azul	青
Azur	紺碧
Beige	ベージュ
Blanco	白い
Carmesí	クリムゾン
Cian	シアン
Fucsia	フクシア
Gris	グレー
Índigo	インジゴ
Magenta	マゼンタ
Marrón	茶色
Naranja	オレンジ
Negro	ブラック
Púrpura	紫
Rojo	赤
Rosa	ピンク
Sepia	セピア
Verde	緑
Violeta	バイオレット

Comida #1
食べ物 #1

Ajo	ニンニク
Albahaca	バジル
Atún	ツナ
Azúcar	砂糖
Canela	シナモン
Carne	肉
Cebada	オオムギ
Cebolla	玉葱
Ensalada	サラダ
Espinacas	ほうれん草
Fresa	苺
Jugo	ジュース
Leche	ミルク
Limón	レモン
Menta	ミント
Nabo	カブ
Pera	梨
Sal	塩
Sopa	スープ
Zanahoria	にんじん

Comida #2
食べ物 #2

Alcachofa	アーティチョーク
Almendra	アーモンド
Apio	セロリ
Arroz	米
Berenjena	茄子
Cereza	チェリー
Chocolate	チョコレート
Girasol	ひまわり
Huevo	卵
Jengibre	ショウガ
Kiwi	キウイ
Manzana	アップル
Pan	パン
Plátano	バナナ
Pollo	チキン
Queso	チーズ
Tomate	トマト
Trigo	小麦
Uva	葡萄
Yogur	ヨーグルト

Conduciendo
運転

Accidente	事故
Autobús	バス
Calle	ストリート
Camión	トラック
Coche	車
Combustible	燃料
Frenos	ブレーキ
Garaje	ガレージ
Gas	ガス
Licencia	ライセンス
Mapa	地図
Motocicleta	オートバイ
Motor	モーター
Peatonal	歩行者
Peligro	危険
Policía	警察
Seguridad	安全性
Tráfico	交通
Túnel	トンネル
Velocidad	速度

Creatividad
創造性

Artístico	芸術的
Autenticidad	信憑性
Claridad	明快
Dramático	劇的
Emociones	感情
Espontáneo	自発
Expresión	表現
Fluidez	流動性
Habilidad	スキル
Ideas	アイデア
Imagen	画像
Imaginación	想像力
Impresión	印象
Inspiración	インスピレーション
Intensidad	強度
Intuición	直感
Inventivo	発明
Sensación	感覚
Visiones	ビジョン
Vitalidad	活力

Cuerpo Humano
人体

Barbilla	顎
Boca	口
Cabeza	頭
Cara	顔
Cerebro	脳
Codo	肘
Corazón	心臓
Cuello	首
Dedo	指
Hombro	肩
Lengua	舌
Mano	手
Nariz	鼻
Ojo	目
Oreja	耳
Piel	肌
Pierna	足
Rodilla	膝
Sangre	血
Tobillo	足首

Diplomacia
外交

Asesor	顧問
Comunidad	コミュニティ
Conflicto	対立
Cooperación	協力
Diplomático	外交
Discusión	議論
Embajada	大使館
Embajador	大使
Extranjero	外国人
Ética	倫理
Gobierno	政府
Humanitario	人道主義者
Idiomas	言語
Integridad	整合性
Justicia	正義
Política	政治
Resolución	解像度
Seguridad	安全
Solución	解決
Tratado	条約

Disciplinas Científicas
科学分野

Anatomía	解剖学
Arqueología	考古学
Astronomía	天文学
Biología	生物学
Bioquímica	生化学
Botánica	植物学
Ecología	生態学
Fisiología	生理
Geología	地質学
Inmunología	免疫学
Lingüística	言語学
Mecánica	力学
Meteorología	気象学
Mineralogía	鉱物学
Neurología	神経学
Psicología	心理学
Química	化学
Sociología	社会学
Termodinámica	熱力学
Zoología	動物学

Días y Meses
日と月

Abril	エイプリル
Agosto	八月
Año	年
Calendario	カレンダー
Domingo	日曜日
Febrero	二月
Jueves	木曜日
Julio	七月
Junio	六月
Lunes	月曜日
Martes	火曜日
Marzo	行進
Mayo	五月
Mes	月
Miércoles	水曜日
Noviembre	十一月
Sábado	土曜日
Semana	週
Septiembre	セプテンバー
Viernes	金曜日

Ecología
エコロジー

Clima	気候
Comunidades	コミュニティ
Diversidad	多様性
Especie	種
Fauna	動物相
Flora	フローラ
Global	グローバル
Hábitat	生息地
Marino	マリン
Montañas	山
Natural	ナチュラル
Naturaleza	自然
Pantano	マーシュ
Plantas	植物
Recursos	リソース
Sequía	旱魃
Sostenible	持続可能
Supervivencia	生存
Vegetación	植生
Voluntarios	ボランティア

Edificios
建物

Albergue	ホステル
Apartamento	アパート
Castillo	城
Cine	シネマ
Embajada	大使館
Escuela	学校
Estadio	スタジアム
Fábrica	工場
Garaje	ガレージ
Granero	納屋
Granja	農場
Hospital	病院
Hotel	ホテル
Laboratorio	研究室
Museo	博物館
Observatorio	天文台
Supermercado	スーパーマーケット
Teatro	劇場
Torre	タワー
Universidad	大学

Electricidad
電気

Almacenamiento	ストレージ
Batería	電池
Bombilla	電球
Cable	ケーブル
Cables	ワイヤ
Cantidad	量
Electricista	電気技師
Eléctrico	電気
Enchufe	ソケット
Generador	発生器
Imán	磁石
Lámpara	ランプ
Láser	レーザー
Negativo	負
Objetos	オブジェクト
Positivo	正
Red	通信網
Televisión	テレビ
Teléfono	電話

Energía
エネルギー

Batería	電池
Calor	熱
Carbono	炭素
Combustible	燃料
Contaminación	汚染
Diesel	ディーゼル
Electrón	電子
Eléctrico	電気
Entropía	エントロピー
Fotón	光子
Gasolina	ガソリン
Hidrógeno	水素
Industria	業界
Motor	モーター
Nuclear	核
Renovable	再生可能
Sol	太陽
Turbina	タービン
Vapor	蒸気
Viento	風

Enfermedad
病気

Abdominal	腹部
Alergias	アレルギー
Bienestar	ウェルネス
Contagioso	伝染性
Corazón	心臓
Crónica	慢性
Cuerpo	体
Débil	弱い
Genético	遺伝
Hereditario	遺伝性
Huesos	骨
Inflamación	炎症
Inmunidad	免疫
Lumbar	腰椎
Neuropatía	神経障害
Pulmonar	肺
Respiratorio	呼吸器
Salud	健康
Síndrome	症候群
Terapia	治療

Especias
スパイス

Agrio	サワー
Ajo	ニンニク
Amargo	苦い
Anís	アニス
Azafrán	サフラン
Canela	シナモン
Cebolla	玉葱
Clavo	クローブ
Comino	クミン
Curry	カレー
Dulce	甘い
Hinojo	フェンネル
Jengibre	ショウガ
Nuez Moscada	ナツメグ
Pimentón	パプリカ
Pimienta	コショウ
Regaliz	甘草
Sabor	味
Sal	塩
Vainilla	バニラ

Familia
ファミリー

Abuela	おばあちゃん
Abuelo	祖父
Antepasado	祖先
Esposa	妻
Hermana	姉妹
Hermano	兄弟
Hija	娘
Infancia	子供の頃
Madre	母
Marido	夫
Materno	母性
Nieto	孫
Niño	子供
Niños	子供達
Padre	父
Primo	いとこ
Sobrina	姪
Sobrino	甥
Tía	叔母
Tío	叔父

Física
物理学

Aceleración	加速
Átomo	原子
Caos	混沌
Densidad	密度
Electrón	電子
Fórmula	式
Frecuencia	周波数
Gas	ガス
Gravedad	重力
Magnetismo	磁気
Masa	質量
Mecánica	力学
Molécula	分子
Motor	エンジン
Nuclear	核
Partícula	粒子
Químico	化学薬品
Relatividad	相対性理論
Universal	ユニバーサル
Velocidad	速度

Flores
花々

Amapola	ポピー
Diente de León	タンポポ
Gardenia	クチナシ
Girasol	ひまわり
Hibisco	ハイビスカス
Jazmín	ジャスミン
Lavanda	ラベンダー
Lila	ライラック
Lirio	百合
Magnolia	マグノリア
Margarita	デイジー
Orquídea	蘭
Pasionaria	トケイソウ
Peonía	牡丹
Pétalo	花弁
Plumeria	プルメリア
Ramo	花束
Trébol	クローバー
Tulipán	チューリップ

Fruta
フルーツ

Aguacate	アボカド
Albaricoque	アプリコット
Baya	ベリー
Cereza	チェリー
Coco	ココナッツ
Frambuesa	ラズベリー
Guayaba	グアバ
Kiwi	キウイ
Limón	レモン
Mango	マンゴー
Manzana	アップル
Melocotón	桃
Melón	メロン
Naranja	オレンジ
Nectarina	ネクタリン
Papaya	パパイヤ
Pera	梨
Piña	パイナップル
Plátano	バナナ
Uva	葡萄

Fuerza y Gravedad
力と重力

Centro	センター
Descubrimiento	発見
Dinámico	動的
Distancia	距離
Eje	軸
Expansión	拡張
Física	物理学
Fricción	摩擦
Impacto	影響
Magnetismo	磁気
Magnitud	マグニチュード
Mecánica	力学
Órbita	軌道
Peso	重さ
Planetas	惑星
Presión	圧力
Propiedades	プロパティ
Tiempo	時間
Universal	ユニバーサル
Velocidad	速度

Geografía
地理学

Altitud	高度
Atlas	アトラス
Ciudad	市
Continente	大陸
Hemisferio	半球
Isla	島
Latitud	緯度
Longitud	経度
Mapa	地図
Mar	海
Meridiano	子午線
Montaña	山
Mundo	世界
Norte	北
Oeste	西
País	国
Región	領域
Río	川
Sur	南
Territorio	地域

Geología
地質学

Ácido	酸
Calcio	カルシウム
Capa	層
Caverna	洞窟
Continente	大陸
Coral	コーラル
Cristales	結晶
Cuarzo	石英
Erosión	侵食
Estalactita	鍾乳石
Estalagmitas	石筍
Fósil	化石
Géiser	間欠泉
Lava	溶岩
Meseta	高原
Minerales	ミネラル
Piedra	石
Sal	塩
Terremoto	地震
Volcán	火山

Geometría
ジオメトリ

Altura	高さ
Ángulo	角度
Cálculo	計算
Curva	曲線
Diámetro	直径
Dimensión	次元
Ecuación	方程式
Horizontal	水平
Lógica	論理
Masa	質量
Mediana	中央値
Número	番号
Paralelo	平行
Proporción	割合
Segmento	セグメント
Simetría	対称
Superficie	表面
Teoría	理論
Triángulo	三角形
Vertical	垂直

Gobierno
政府

Ciudadanía	市民権
Civil	市民
Constitución	憲法
Democracia	民主主義
Derechos	権利
Discurso	スピーチ
Discusión	議論
Estado	状態
Igualdad	平等
Independencia	独立
Judicial	司法
Justicia	正義
Ley	法律
Libertad	自由
Líder	リーダー
Monumento	記念碑
Nación	国家
Pacífico	平和
Política	政治
Símbolo	シンボル

Granja #1
ファーム #1

Abeja	蜂
Agricultura	農業
Agua	水
Arroz	米
Burro	ロバ
Caballo	馬
Cabra	ヤギ
Campo	フィールド
Cuervo	カラス
Fertilizante	肥料
Gato	猫
Heno	ヘイ
Miel	蜂蜜
Perro	犬
Pollo	チキン
Semillas	種子
Ternero	ふくらはぎ
Tierra	土地
Vaca	牛
Valla	フェンス

Granja #2
ファーム #2

Agricultor	農家
Animales	動物
Cebada	オオムギ
Colmena	蜂の巣
Comida	食べ物
Cordero	子羊
Fruta	フルーツ
Granero	納屋
Huerto	オーチャード
Leche	ミルク
Llama	ラマ
Maíz	コーン
Oveja	羊
Pastor	羊飼い
Pato	アヒル
Prado	牧草地
Riego	灌漑
Tractor	トラクター
Trigo	小麦
Vegetal	野菜

Herboristería
本草学

Ajo	ニンニク
Albahaca	バジル
Aromático	芳香族
Azafrán	サフラン
Calidad	品質
Culinario	料理
Eneldo	ディル
Estragón	タラゴン
Flor	花
Hinojo	フェンネル
Ingrediente	成分
Jardín	庭
Lavanda	ラベンダー
Mejorana	マージョラム
Menta	ミント
Perejil	パセリ
Planta	植物
Romero	ローズマリー
Sabor	味
Verde	緑

Ingeniería
エンジニアリング

Ángulo	角度
Cálculo	計算
Construcción	建設
Diagrama	図
Diámetro	直径
Diesel	ディーゼル
Distribución	分布
Eje	軸
Energía	エネルギー
Estabilidad	安定性
Estructura	構造
Fricción	摩擦
Fuerza	強さ
Líquido	液体
Máquina	機械
Medición	測定
Motor	モーター
Palancas	レバー
Profundidad	深さ
Propulsión	推進

Instrumentos Musicales
楽器

Armónica	ハーモニカ
Arpa	ハープ
Banjo	バンジョー
Clarinete	クラリネット
Fagot	ファゴット
Flauta	フルート
Gong	ゴング
Guitarra	ギター
Mandolina	マンドリン
Marimba	マリンバ
Oboe	オーボエ
Pandereta	タンバリン
Percusión	パーカッション
Piano	ピアノ
Saxofón	サックス
Tambor	ドラム
Trombón	トロンボーン
Trompeta	トランペット
Violín	バイオリン
Violonchelo	チェロ

Jardinería
ガーデニング

Agua	水
Botánico	植物
Clima	気候
Comestible	食用
Compost	堆肥
Contenedor	容器
Especie	種
Estacional	季節
Exótico	エキゾチック
Flor	花
Floral	フローラル
Follaje	葉
Huerto	オーチャード
Humedad	水分
Manguera	ホース
Ramo	花束
Semillas	種子
Suciedad	泥
Suelo	土

Jardín
ガーデン

Arbusto	ブッシュ
Árbol	木
Banco	ベンチ
Césped	芝生
Estanque	池
Flor	花
Garaje	ガレージ
Hamaca	ハンモック
Hierba	草
Huerto	オーチャード
Jardín	庭
Malezas	雑草
Manguera	ホース
Pala	シャベル
Porche	ポーチ
Rastrillo	熊手
Suelo	土
Terraza	テラス
Trampolín	トランポリン
Valla	フェンス

Jazz
ジャズ

Artista	アーティスト
Álbum	アルバム
Canción	歌
Composición	構成
Compositor	作曲家
Concierto	コンサート
Estilo	スタイル
Énfasis	強調
Famoso	有名な
Favoritos	お気に入り
Género	ジャンル
Improvisación	即興
Música	音楽
Nuevo	新着
Orquesta	オーケストラ
Ritmo	リズム
Talento	才能
Tambores	ドラム
Técnica	技術
Viejo	古い

La Empresa
ザ・カンパニー

Calidad	品質
Creativo	クリエイティブ
Decisión	決定
Empleo	雇用
Global	グローバル
Industria	業界
Ingresos	収益
Innovador	革新的
Inversión	投資
Negocio	ビジネス
Posibilidad	可能性
Presentación	プレゼンテーション
Producto	製品
Profesional	プロ
Progreso	進捗
Recursos	リソース
Reputación	評判
Riesgos	リスク
Tendencias	トレンド
Unidades	単位

Libros
書籍

Autor	著者
Aventura	冒険
Colección	コレクション
Dualidad	二重性
Epopeya	エピック
Escrito	書かれた
Historia	ストーリー
Histórico	歴史的
Humorístico	ユーモラス
Inventivo	発明
Lector	読者
Literario	文学
Narrador	ナレーター
Novela	小説
Palabras	言葉
Página	ページ
Pertinente	関連する
Poema	詩
Serie	シリーズ
Trágico	悲劇的

Literatura
文学

Analogía	類推
Análisis	分析
Anécdota	逸話
Autor	著者
Biografía	伝記
Comparación	比較
Conclusión	結論
Descripción	説明
Diálogo	対話
Estilo	スタイル
Ficción	フィクション
Metáfora	比喩
Narrador	ナレーター
Novela	小説
Poema	詩
Poético	詩的
Rima	韻
Ritmo	リズム
Tema	テーマ
Tragedia	悲劇

Los Medios de Comunicación
メディア

Actitudes	態度
Comercial	商業
Comunicación	通信
Digital	デジタル
Edición	版
Educación	教育
En Línea	オンライン
Financiación	資金調達
Fotos	写真
Hechos	事実
Industria	業界
Intelectual	知的
Local	ローカル
Opinión	意見
Periódicos	新聞
Público	公共
Radio	ラジオ
Red	通信網
Revistas	雑誌
Televisión	テレビ

Mamíferos
哺乳類

Ballena	鯨
Burro	ロバ
Caballo	馬
Camello	キャメル
Canguro	カンガルー
Cebra	シマウマ
Conejo	うさぎ
Coyote	コヨーテ
Delfín	イルカ
Elefante	象
Gato	猫
Gorila	ゴリラ
Jirafa	キリン
Lobo	狼
Mono	猿
Oso	熊
Oveja	羊
Perro	犬
Toro	ブル
Zorro	狐

Matemáticas
数学

Aritmética	算術
Ángulos	角度
Circunferencia	円周
Decimal	小数
Diámetro	直径
Ecuación	方程式
Exponente	指数
Fracción	分数
Geometría	幾何学
Números	数字
Paralelo	平行
Paralelogramo	平行四辺形
Perímetro	周囲
Perpendicular	垂直
Polígono	多角形
Radio	半径
Rectángulo	矩形
Simetría	対称
Triángulo	三角形
Volumen	ボリューム

Mediciones
測定値

Altura	高さ
Ancho	幅
Byte	バイト
Centímetro	センチメートル
Decimal	小数
Grado	度
Gramo	グラム
Kilogramo	キログラム
Kilómetro	キロメートル
Litro	リットル
Longitud	長さ
Masa	質量
Metro	メーター
Minuto	分
Onza	オンス
Peso	重さ
Profundidad	深さ
Pulgada	インチ
Tonelada	トン
Volumen	ボリューム

Meditación
瞑想

Aceptación	受け入れ
Atención	注意
Bondad	親切
Claridad	明快
Compasión	思いやり
Emociones	感情
Gratitud	感謝
Hábitos	習慣
Mental	メンタル
Mente	マインド
Movimiento	動き
Música	音楽
Naturaleza	自然
Observación	観察
Paz	平和
Pensamientos	思考
Perspectiva	パースペクティブ
Postura	姿勢
Respiración	呼吸
Silencio	沈黙

Mitología
神話

Arquetipo	原型
Celos	嫉妬
Cielo	天国
Comportamiento	行動
Creación	作成
Creencias	信念
Criatura	生き物
Cultura	文化
Desastre	災害
Fuerza	強さ
Guerrero	戦士
Héroe	ヒーロー
Inmortalidad	不死
Laberinto	ラビリンス
Leyenda	伝説
Monstruo	モンスター
Mortal	モータル
Rayo	稲妻
Trueno	雷
Venganza	復讐

Moda
ファッション

Asequible	手頃な価格
Bordado	刺繍
Botones	ボタン
Boutique	ブティック
Caro	高価な
Elegante	エレガント
Encaje	レース
Estilo	スタイル
Mediciones	測定
Minimalista	ミニマリスト
Moderno	モダン
Original	オリジナル
Patrón	パターン
Práctico	実用的
Ropa	衣類
Sofisticado	洗練された
Tejido	生地
Tendencia	トレンド
Textura	テクスチャ

Mueble
家具

Alfombra	ラグ
Almohada	枕
Armario	戸棚
Banco	ベンチ
Cama	ベッド
Cojines	クッション
Colchón	マットレス
Cortinas	カーテン
Cómoda	ドレッサー
Edredones	掛け布団
Escritorio	机
Espejo	鏡
Estantería	本棚
Estantes	棚
Futón	布団
Hamaca	ハンモック
Lámpara	ランプ
Silla	椅子
Sillón	アームチェア
Sofá	ソファ

Música
音楽

Armonía	調和
Armónico	ハーモニック
Álbum	アルバム
Balada	バラード
Cantante	歌手
Cantar	歌う
Clásico	クラシック
Coro	コーラス
Grabación	録音
Improvisar	即興
Instrumento	楽器
Melodía	メロディー
Micrófono	マイク
Musical	ミュージカル
Músico	音楽家
Ópera	オペラ
Poético	詩的
Ritmo	リズム
Tempo	テンポ
Vocal	ボーカル

Naturaleza
自然

Abejas	蜂
Animales	動物
Ártico	北極
Belleza	美しさ
Bosque	森
Desierto	砂漠
Dinámico	動的
Erosión	侵食
Follaje	葉
Glaciar	氷河
Niebla	霧
Nubes	雲
Pacífico	平和
Refugio	シェルター
Río	川
Salvaje	野生
Santuario	サンクチュアリ
Sereno	穏やか
Tropical	トロピカル
Vital	重要

Negocio
ビジネス

Carrera	経歴
Costo	費用
Descuento	割引
Dinero	お金
Economía	経済学
Empleado	従業員
Empleador	雇用者
Empresa	会社
Fábrica	工場
Finanzas	金融
Impuestos	税金
Inversión	投資
Mercancía	商品
Moneda	通貨
Oficina	オフィス
Presupuesto	予算
Tienda	店
Trabajo	仕事
Transacción	取引
Venta	販売

Nutrición
栄養

Amargo	苦い
Apetito	食欲
Calidad	品質
Calorías	カロリー
Carbohidratos	炭水化物
Comestible	食用
Dieta	ダイエット
Digestión	消化
Equilibrado	バランス
Fermentación	発酵
Hábitos	習慣
Nutriente	栄養素
Peso	重さ
Proteínas	タンパク質
Sabor	味
Salsa	ソース
Salud	健康
Saludable	元気
Toxina	毒素
Vitamina	ビタミン

Números
数字

Catorce	十四
Cero	ゼロ
Cinco	五
Cuatro	四
Decimal	小数
Diecinueve	十九
Dieciocho	十八
Dieciséis	十六
Diecisiete	セブンティーン
Diez	十
Doce	十二
Dos	二
Nueve	九
Ocho	八
Quince	十五
Seis	六
Siete	セブン
Trece	十三
Tres	三
Veinte	二十

Océano
海洋

Alga	藻
Anguila	うなぎ
Arrecife	リーフ
Atún	ツナ
Ballena	鯨
Barco	ボート
Camarón	エビ
Cangrejo	カニ
Coral	コーラル
Delfín	イルカ
Esponja	スポンジ
Mareas	潮汐
Medusa	クラゲ
Ostra	カキ
Pescado	魚
Pulpo	たこ
Sal	塩
Tiburón	鮫
Tormenta	嵐
Tortuga	カメ

Paisajes
風景

Cascada	滝
Cueva	洞窟
Desierto	砂漠
Estuario	河口
Géiser	間欠泉
Glaciar	氷河
Iceberg	氷山
Isla	島
Lago	湖
Laguna	ラグーン
Mar	海
Montaña	山
Oasis	オアシス
Pantano	沼
Península	半島
Playa	ビーチ
Río	川
Tundra	ツンドラ
Valle	谷
Volcán	火山

Países #1
国 #1

Alemania	ドイツ
Argentina	アルゼンチン
Bélgica	ベルギー
Brasil	ブラジル
Canadá	カナダ
Ecuador	エクアドル
Egipto	エジプト
España	スペイン
Filipinas	フィリピン
Honduras	ホンジュラス
India	インド
Italia	イタリア
Libia	リビア
Malí	マリ
Marruecos	モロッコ
Nicaragua	ニカラグア
Noruega	ノルウェー
Panamá	パナマ
Polonia	ポーランド
Venezuela	ベネズエラ

Países #2
国 #2

Albania	アルバニア
Australia	オーストラリア
Austria	オーストリア
Dinamarca	デンマーク
Etiopía	エチオピア
Francia	フランス
Grecia	ギリシャ
Indonesia	インドネシア
Irlanda	アイルランド
Jamaica	ジャマイカ
Japón	日本
Laos	ラオス
México	メキシコ
Pakistán	パキスタン
Portugal	ポルトガル
Rusia	ロシア
Siria	シリア
Sudán	スーダン
Ucrania	ウクライナ
Uganda	ウガンダ

Pájaros
鳥類

Avestruz	ダチョウ
Águila	鷲
Cigüeña	コウノトリ
Cisne	白鳥
Cuco	カッコウ
Cuervo	カラス
Flamenco	フラミンゴ
Ganso	ガチョウ
Garza	サギ
Gaviota	カモメ
Gorrión	スズメ
Halcón	鷹
Huevo	卵
Loro	オウム
Paloma	鳩
Pato	アヒル
Pelícano	ペリカン
Pingüino	ペンギン
Pollo	チキン
Tucán	オオハシ

Plantas
植物

Arbusto	ブッシュ
Árbol	木
Bambú	竹
Baya	ベリー
Bosque	森
Botánica	植物学
Cactus	サボテン
Fertilizante	肥料
Flor	花
Flora	フローラ
Follaje	葉
Frijol	豆
Hiedra	蔦
Hierba	草
Jardín	庭
Musgo	苔
Pétalo	花弁
Raíz	根
Sol	太陽
Vegetación	植生

Profesiones #1
職業 #1

Abogado	弁護士
Astrónomo	天文学者
Atleta	アスリート
Bailarín	踊り子
Banquero	銀行家
Bombero	消防士
Cartógrafo	地図製作者
Cazador	ハンター
Doctor	医者
Editor	編集者
Embajador	大使
Enfermera	看護婦
Entrenador	コーチ
Fontanero	配管工
Geólogo	地質学者
Joyero	宝石商
Músico	音楽家
Pianista	ピアニスト
Psicólogo	心理学者
Veterinario	獣医

Profesiones #2
職業 #2

Astronauta	宇宙飛行士
Bibliotecario	司書
Biólogo	生物学者
Cirujano	外科医
Dentista	歯医者
Detective	探偵
Filósofo	哲学者
Fotógrafo	写真家
Ilustrador	イラストレーター
Ingeniero	エンジニア
Inventor	発明者
Investigador	研究者
Jardinero	庭師
Lingüista	言語学者
Médico	医師
Periodista	ジャーナリスト
Piloto	パイロット
Pintor	画家
Profesor	先生
Zoólogo	動物学者

Psicología
心理学

Clínico	臨床
Cognición	認知
Comportamiento	行動
Conflicto	対立
Ego	自我
Emociones	感情
Evaluación	評価
Experiencias	経験
Ideas	アイデア
Inconsciente	無意識
Infancia	子供の頃
Influencias	影響
Pensamientos	思考
Percepción	知覚
Problema	問題
Realidad	現実
Recuerdos	思い出
Sensación	感覚
Sueños	夢
Terapia	治療

Química
化学

Alcalino	アルカリ性
Ácido	酸
Calor	熱
Carbono	炭素
Catalizador	触媒
Cloro	塩素
Electrón	電子
Enzima	酵素
Gas	ガス
Hidrógeno	水素
Ion	イオン
Líquido	液体
Metales	金属
Molécula	分子
Nuclear	核
Oxígeno	酸素
Peso	重さ
Reacción	反応
Sal	塩
Temperatura	温度

Restaurante #2
レストラン #2

Agua	水
Almuerzo	ランチ
Aperitivo	前菜
Bebida	飲料
Camarero	ウェイター
Cena	夕食
Cuchara	スプーン
Delicioso	美味しい
Ensalada	サラダ
Especias	スパイス
Fruta	フルーツ
Hielo	氷
Huevos	卵
Pastel	ケーキ
Pescado	魚
Sal	塩
Silla	椅子
Sopa	スープ
Tenedor	フォーク
Verduras	野菜

Ropa
洋服

Abrigo	コート
Blusa	ブラウス
Bufanda	スカーフ
Camisa	シャツ
Chaqueta	ジャケット
Cinturón	ベルト
Collar	ネックレス
Delantal	エプロン
Falda	スカート
Guantes	手袋
Joyas	ジュエリー
Moda	ファッション
Pantalones	パンツ
Pijama	パジャマ
Pulsera	ブレスレット
Sandalias	サンダル
Sombrero	帽子
Suéter	セーター
Vestido	ドレス
Zapato	靴

Salud y Bienestar #1
ヘルス＆ウェルネス #1

Activo	アクティブ
Altura	高さ
Bacterias	細菌
Clínica	診療所
Doctor	医者
Farmacia	薬局
Fractura	骨折
Hambre	飢餓
Hábito	習慣
Hormonas	ホルモン
Huesos	骨
Medicina	薬
Músculos	筋肉
Nervios	神経
Piel	肌
Postura	姿勢
Reflejo	反射
Relajación	リラクゼーション
Terapia	治療
Virus	ウイルス

Salud y Bienestar #2
ヘルス＆ウェルネス #2

Alergia	アレルギー
Anatomía	解剖学
Apetito	食欲
Caloría	カロリー
Dieta	ダイエット
Digestión	消化
Energía	エネルギー
Enfermedad	病気
Estrés	ストレス
Genética	遺伝学
Higiene	衛生
Hospital	病院
Infección	感染
Masaje	マッサージ
Nutrición	栄養
Peso	重さ
Recuperación	回復
Saludable	元気
Sangre	血
Vitamina	ビタミン

Selva Tropical
レインフォレスト

Anfibios	両生類
Botánico	植物
Clima	気候
Comunidad	コミュニティ
Diversidad	多様性
Especie	種
Indígena	先住民族
Insectos	虫
Mamíferos	哺乳類
Musgo	苔
Naturaleza	自然
Nubes	雲
Pájaros	鳥
Preservación	保存
Refugio	避難
Respeto	尊敬
Restauración	復元
Selva	ジャングル
Supervivencia	生存
Valioso	貴重

Senderismo
ハイキング

Acantilado	崖
Agua	水
Animales	動物
Botas	ブーツ
Camping	キャンプ
Cansado	疲れた
Clima	気候
Cumbre	サミット
Guías	ガイド
Mapa	地図
Montaña	山
Mosquitos	蚊
Naturaleza	自然
Orientación	オリエンテーション
Parques	公園
Pesado	重い
Piedras	石
Preparación	準備
Salvaje	野生
Sol	太陽

Suministros de Arte
アートサプライ

Aceite	油
Acrílico	アクリル
Acuarelas	水彩画
Agua	水
Arcilla	粘土
Borrador	消しゴム
Caballete	イーゼル
Cámara	カメラ
Cepillos	ブラシ
Colores	色
Creatividad	創造性
Ideas	アイデア
Lápices	鉛筆
Mesa	テーブル
Papel	紙
Pasteles	パステル
Pegamento	のり
Pinturas	塗料
Silla	椅子
Tinta	インク

Tiempo
時間

Ahora	今
Antes	前
Anual	通年
Año	年
Ayer	昨日
Calendario	カレンダー
Década	十年
Día	日
Futuro	未来
Hora	時間
Hoy	今日
Mañana	朝
Mediodía	昼
Mes	月
Minuto	分
Momento	一瞬
Noche	夜
Reloj	時計
Semana	週
Siglo	世紀

Tipos de Cabello
ヘアタイプ

Blanco	白い
Brillante	シャイニー
Cabelludo	頭皮
Calvo	禿
Coloreado	有色
Corto	短い
Delgada	薄い
Gris	グレー
Grueso	厚い
Marrón	茶色
Negro	ブラック
Plata	銀
Rizado	カーリー
Rizos	カール
Rubio	ブロンド
Saludable	元気
Seco	ドライ
Suave	ソフト
Trenzado	編組
Trenzas	三つ編み

Universo
宇宙

Asteroide	小惑星
Astronomía	天文学
Astrónomo	天文学者
Atmósfera	雰囲気
Celestial	天体
Cielo	空
Cósmico	コズミック
Ecuador	赤道
Galaxia	銀河
Hemisferio	半球
Horizonte	地平線
Latitud	緯度
Longitud	経度
Luna	月
Oscuridad	闇
Órbita	軌道
Solar	太陽
Solsticio	至点
Telescopio	望遠鏡
Visible	目に見える

Vacaciones #2
バケーション #2

Aeropuerto	空港
Carpa	テント
Destino	行き先
Extranjero	外国人
Fotos	写真
Hotel	ホテル
Isla	島
Mapa	地図
Mar	海
Ocio	レジャー
Pasaporte	パスポート
Playa	ビーチ
Reservas	予約
Restaurante	レストラン
Taxi	タクシー
Transporte	交通
Tren	列車
Vacaciones	休日
Viaje	旅
Visa	ビザ

Vehículos
車両

Ambulancia	救急車
Autobús	バス
Avión	飛行機
Balsa	いかだ
Barco	ボート
Bicicleta	自転車
Camión	トラック
Caravana	キャラバン
Coche	車
Cohete	ロケット
Ferry	フェリー
Helicóptero	ヘリコプター
Lanzadera	シャトル
Metro	地下鉄
Motor	モーター
Neumáticos	タイヤ
Submarino	潜水艦
Taxi	タクシー
Tractor	トラクター
Tren	列車

Verduras
野菜

Ajo	ニンニク
Alcachofa	アーティチョーク
Apio	セロリ
Berenjena	茄子
Brócoli	ブロッコリー
Calabaza	かぼちゃ
Cebolla	玉葱
Ensalada	サラダ
Espinacas	ほうれん草
Guisante	エンドウ
Jengibre	ショウガ
Nabo	カブ
Oliva	オリーブ
Patata	じゃがいも
Pepino	キュウリ
Perejil	パセリ
Rábano	だいこん
Seta	キノコ
Tomate	トマト
Zanahoria	にんじん

Enhorabuena

Lo has conseguido!

Esperamos que hayas disfrutado de este libro tanto como nosotros al diseñarlo. Nos esforzamos por crear libros de la máxima calidad posible.
Esta edición está diseñada para proporcionar un aprendizaje inteligente, de calidad y divertido!

¿Te ha gustado este libro?

Una Petición Sencilla

Estos libros existen gracias a las reseñas que se publican.
¿Podrías ayudarnos dejando una reseña ahora?
Aquí tienes un breve enlace a la página de reseñas

BestBooksActivity.com/Opiniones50

¡DESAFÍO FINAL!

Reto n°1

¿Estás listo para tu juego gratis? Los utilizamos siempre, pero no son tan fáciles de encontrar. ¡Aquí están los **Sinónimos!**

Escribe 5 palabras que hayas encontrado en los rompecabezas (#21, #36, #76) y trata de encontrar 2 sinónimos para cada palabra.

Escriba 5 palabras del *Puzzle 21*

Palabras	Sinónimo 1	Sinónimo 2

Escriba 5 palabras del *Puzzle 36*

Palabras	Sinónimo 1	Sinónimo 2

Escriba 5 palabras del *Puzzle 76*

Palabras	Sinónimo 1	Sinónimo 2

Reto n°2

Ahora que te has calentado, escribe 5 palabras que hayas encontrado en los Puzzles 9, 17 y 25 e intenta encontrar 2 antónimos para cada palabra. ¿Cuántos puedes encontrar en 20 minutos?

Escriba 5 palabras del **Puzzle 9**

Palabras	Antónimo 1	Antónimo 2

Escriba 5 palabras del **Puzzle 17**

Palabras	Antónimo 1	Antónimo 2

Escriba 5 palabras del **Puzzle 25**

Palabras	Antónimo 1	Antónimo 2

Reto n°3

¡Genial! Este desafío final no es nada para ti.

¿Preparado para el reto final? Elige 10 palabras que hayas descubierto en los diferentes rompecabezas y escríbelas a continuación.

1.	6.
2.	7.
3.	8.
4.	9.
5.	10.

Ahora escribe un texto pensando en una persona, un animal o un lugar que te guste.

Puedes usar la última página de este libro como borrador.

Tu Composición:

CUADERNO DE NOTAS :

HASTA PRONTO !

Todo el Equipo